物化历史系列

孔庙史话

A Brief History of Confucian Temple in China

曲英杰 / 著

社会科学文献出版社
SOCIAL SCIENCES ACADEMIC PRESS (CHINA)

图书在版编目（CIP）数据

孔庙史话/曲英杰著. —北京：社会科学文献出版社，2011.8
（中国史话）
ISBN 978 - 7 - 5097 - 2544 - 3

Ⅰ.①孔… Ⅱ.①曲… Ⅲ.①孔庙 - 历史
Ⅳ.①K928.75

中国版本图书馆 CIP 数据核字（2011）第 133245 号

"十二五"国家重点出版规划项目

中国史话·物化历史系列

孔庙史话

著　　者／曲英杰

出 版 人／谢寿光
总 编 辑／邹东涛
出 版 者／社会科学文献出版社
地　　址／北京市西城区北三环中路甲 29 号院 3 号楼华龙大厦
邮政编码／100029

责任部门／人文科学图书事业部（010）59367215
电子信箱／renwen@ssap.cn
责任编辑／范明礼
责任校对／黄　丹
责任印制／岳　阳
总 经 销／社会科学文献出版社发行部
　　　　　（010）59367081　59367089
读者服务／读者服务中心（010）59367028

印　　装／北京画中画印刷有限公司
开　　本／889mm×1194mm　1/32　印张／5.875
版　　次／2011 年 8 月第 1 版　　字数／110 千字
印　　次／2011 年 8 月第 1 次印刷
书　　号／ISBN 978 - 7 - 5097 - 2544 - 3
定　　价／15.00 元

总　序

　　中国是一个有着悠久文化历史的古老国度，从传说中的三皇五帝到中华人民共和国的建立，生活在这片土地上的人们从来都没有停止过探寻、创造的脚步。长沙马王堆出土的轻若烟雾、薄如蝉翼的素纱衣向世人昭示着古人在丝绸纺织、制作方面所达到的高度；敦煌莫高窟近五百个洞窟中的两千多尊彩塑雕像和大量的彩绘壁画又向世人显示了古人在雕塑和绘画方面所取得的成绩；还有青铜器、唐三彩、园林建筑、宫殿建筑，以及书法、诗歌、茶道、中医等物质与非物质文化遗产，它们无不向世人展示了中华五千年文化的灿烂与辉煌，展示了中国这一古老国度的魅力与绚烂。这是一份宝贵的遗产，值得我们每一位炎黄子孙珍视。

　　历史不会永远眷顾任何一个民族或一个国家，当世界进入近代之时，曾经一千多年雄踞世界发展高峰的古老中国，从巅峰跌落。1840 年鸦片战争的炮声打破了清帝国"天朝上国"的迷梦，从此中国沦为被列强宰割的羔羊。一个个不平等条约的签订，不仅使中国大量的白银外流，更使中国的领土一步步被列强侵占，国库亏空，民不聊生。东方古国曾经拥有的辉煌，也随着西方列强坚船利炮的轰击而烟消云散，中国一步步堕入了半殖民地的深渊。不甘屈服的中国人民也由此开始了救国救民、富国图强的抗争之路。从洋务运动到维新变法，从太平天国到辛亥革命，从五四运动到中国共产党领导的新民主主义革命，中国人民屡败屡战，终于认识到了"只有社会主义才能救中国，只有社会主义才能发展中国"这一道理。中国共产党领导中国人民推倒三座大山，建立了新中国，从此饱受屈辱与蹂躏的中国人民站起来了。古老的中国焕发出新的生机与活力，摆脱了任人宰割与欺侮的历史，屹立于世界民族之林。每一位中华儿女应当了解中华民族数千年的文明史，也应当牢记鸦片战争以来一百多年民族屈辱的历史。

当我们步入全球化大潮的 21 世纪，信息技术革命迅猛发展，地区之间的交流壁垒被互联网之类的新兴交流工具所打破，世界的多元性展示在世人面前。世界上任何一个区域都不可避免地存在着两种以上文化的交汇与碰撞，但不可否认的是，近些年来，随着市场经济的大潮，西方文化扑面而来，有些人唯西方为时尚，把民族的传统丢在一边。大批年轻人甚至比西方人还热衷于圣诞节、情人节与洋快餐，对我国各民族的重大节日以及中国历史的基本知识却茫然无知，这是中华民族实现复兴大业中的重大忧患。

中国之所以为中国，中华民族之所以历数千年而不分离，根基就在于五千年来一脉相传的中华文明。如果丢弃了千百年来一脉相承的文化，任凭外来文化随意浸染，很难设想13亿中国人到哪里去寻找民族向心力和凝聚力。在推进社会主义现代化、实现民族复兴的伟大事业中，大力弘扬优秀的中华民族文化和民族精神，弘扬中华文化的爱国主义传统和民族自尊意识，在建设中国特色社会主义的进程中，构建具有中国特色的文化价值体系，光大中华民族的优秀传统文化是一件任重而道远的事业。

当前，我国进入了经济体制深刻变革、社会结构深刻变动、利益格局深刻调整、思想观念深刻变化的新的历史时期。面对新的历史任务和来自各方的新挑战，全党和全国人民都需要学习和把握社会主义核心价值体系，进一步形成全社会共同的理想信念和道德规范，打牢全党全国各族人民团结奋斗的思想道德基础，形成全民族奋发向上的精神力量，这是我们建设社会主义和谐社会的思想保证。中国社会科学院作为国家社会科学研究的机构，有责任为此作出贡献。我们在编写出版《中华文明史话》与《百年中国史话》的基础上，组织院内外各研究领域的专家，融合近年来的最新研究，编辑出版大型历史知识系列丛书——《中国史话》，其目的就在于为广大人民群众尤其是青少年提供一套较为完整、准确地介绍中国历史和传统文化的普及类系列丛书，从而使生活在信息时代的人们尤其是青少年能够了解自己祖先的历史，在东西南北文化的交流中由知己到知彼，善于取人之长补己之短，在中国与世界各国愈来愈深的文化交融中，保持自己的本色与特色，将中华民族自强不息、厚德载物的精神永远发扬下去。

《中国史话》系列丛书首批计 200 种，每种 10 万字左右，主要从政治、经济、文化、军事、哲学、艺术、科技、饮食、服饰、交通、建筑等各个方面介绍了从古至今数千年来中华文明发展和变迁的历史。这些历史不仅展现了中华五千年文化的辉煌，展现了先民的智慧与创造精神，而且展现了中国人民的不屈与抗争精神。我们衷心地希望这套普及历史知识的丛书对广大人民群众进一步了解中华民族的优秀文化传统，增强民族自尊心和自豪感发挥应有的作用，鼓舞广大人民群众特别是新一代的劳动者和建设者在建设中国特色社会主义的道路上不断阔步前进，为我们祖国美好的未来贡献更大的力量。

陈奎元

2011 年 4 月

目　录

引　言

　　孔庙即孔子庙，是为纪念中国古代伟大的思想家和教育家孔子而设立的庙堂。因孔门弟子尊称孔子为夫子，故又称夫子庙。又因孔子在唐代被追封为文宣王，故也称文宣王庙。元明以后，多称文庙。自孔子殁后，孔庙首先出现于孔子故里（今山东曲阜市），而后渐至遍布全国各地，乃致国外东北亚、东亚及东南亚诸国，并由此而形成"孔庙文化圈"，成为中华文明及其影响所到之处特有的文化景观。

　　孔庙可分为本庙和学庙两大系统。本庙即曲阜孔庙，建造于孔子本乡本土，为孔氏家族、孔门弟子或后世学人以及当地官员所共同奉祀，具有祖庙与学庙合一的特征。曲阜本庙自周敬王四十一年（公元前479年）首立于世，相沿至今，已近2500年。在诸多孔庙中，曲阜本庙立庙最早、历时最久、建制最为完备，同时也最使人向往和感到亲近，人们莫不以到曲阜观瞻为荣。

　　学庙即京城及地方学校所立孔庙，一般认为始于汉代。历代京城如东汉、曹魏、西晋及北魏时期的洛阳（今河南洛阳），东晋及宋、齐、梁、陈时期的建康（今江苏南京），隋唐时期的长安（今陕西西安），北宋时期的汴京（今河南开封），南宋时期的临安（今浙江杭州），金中都（今北京），元大都（今北京），明清时期的北京等太学或国子监内均立有孔庙。其往往与诸京城的兴废相始终。每当改朝迁都，都要兴学立庙。京城孔庙一般规模较大，规格较高，突出主体殿堂，少有附属建筑，由太学或国子监主管官员及师生所奉祀，有时皇帝及皇太子、各级官吏也前来致祭。地方孔庙主要由各级行政建制如府、州、县等所属学校设立。府属学校称府学，州属学校称州学，县属学校称县学。州、县单置者均为一学一庙。而若以县附郭（建县署于府城之内）则各有不同，或是府、县分立，如清代苏州府城内有吴县、长洲、元和3县附郭，皆各立学庙，连同苏州府学庙，为一城四庙；或是府、县合立，如明清时期西安府城内有长安、咸宁二县附郭，其府、县三学同立一庙；或是府学单立而县学合立，如清代江宁府（今南京）城内有上元、江宁两县附郭，其府学单立庙而两县学同立一庙等。其庙、学布局，或分左中右三路，如明代凉州（今甘肃武威）州学即是孔庙居中、西为学舍、东为文昌宫；或取前后一字形排列，如明代固原（今宁夏固原）州学即是前为孔庙，后为学堂；或是东庙西学，如苏州府学；或是西庙东学，如泉州（今福建泉州）府学等。这些孔庙规模大小不一，形制大体相同，而多有附属建筑，各具地方特色。有许多孔庙前后相沿，延续千年以上。

此外，自宋代开始，有书院兴起。各书院均立孔庙。另有浙江衢州孔氏家庙，远离曲阜本土，为孔氏南宗一系所奉祀，当亦属于地方孔庙系统。

在国外，朝鲜于新罗朝圣德王十六年（717年）开始在太学内奉祀孔子。而后历代相沿，建立孔庙。至14世纪末李朝建立，更发展为府、牧、郡、县无不设立乡校，孔庙遍布全国。日本于文武天皇大宝元年（701年）开始在首都大学及各国国学内致祭孔子，孝谦天皇天平宝字元年（757年）又在大学内设立孔庙。至江户时代（1603～1867年），各地陆续兴办学校，官立（幕府所办）、藩立（诸侯所办）、乡立（民间所办）学校多立孔庙。其他如琉球、越南等国也都建学设庙。这些国家大都是先有儒家思想传入，而后有孔庙设立。其形制大体上仿于中国孔庙，而小有改作。时至今日，韩国、日本仍遵于传统，奉祀孔庙。

就这样，随着时间的推移，孔庙的分布空间不断扩展。犹如罗列的明星，彼此交织，投射出一束束和谐之光，点燃人们心中的灯。在历史的无情抉择面前，成千上万的人间造物化为灰烬，而孔庙则岿然存世。这固然是与博大精深的儒家思想被普遍接受和广泛传播密切相关；同时，也不能否认孔庙本身即具有使人临观而感和心灵沟通的不可替代的功效，人们在孔庙中会倍加感受到孔子的伟大和神圣。

一　圣哲孔子

孔庙立于孔子殁后。而之所以有孔庙的设立，则是由于孔子有大功德于世。中华文明源远流长、承传有绪，这在很大的程度上应当归功于圣哲孔子。

孔子生于周代鲁国，其都城鲁城在今山东省曲阜市。这里神秀灵奇，北望泰岱，夹于泗、沂二水之间，鲁中南丘陵余脉呈条带状隆起，自东而西缓缓向此委曲延伸，故称曲阜。其附近曾发现有北辛文化、大汶口文化、龙山文化及岳石文化遗迹遗物，表明远在距今七八千年前已有原始先民在这一带生存活动，且一直延续发展，一步步走向文明时代。

相传古有大庭氏居此，黄帝诞生地寿丘也在今曲阜东北，后又有少昊氏以此为都及舜作什器于寿丘等。商代其地属商奄（也单称奄，活动中心地在今山东沂水一带）。周武王克商，封其弟周公旦于此，称鲁国。周公旦因留佐周王，使其子伯禽代就封于鲁，营筑鲁城。其城垣遗迹今犹残存，经考古勘测得知，周长11771米，南北长约2500米、东西宽约3500米，可谓规模宏大。城内中央有宫城，居鲁公；东部居周人，西部居商人及奄人。因周初分封，将商王畿内条氏、徐氏、萧氏、索氏、长勺氏、尾勺氏"殷民六族"分于鲁公；后成王践奄，又有"商奄之民"分散在鲁，故形成周、商、奄人同住的格局。周公制礼作乐，为使之传播，成王分鲁公以"祝、宗、卜、史，备物、典策，官司、彝器"等。祝即大祝，掌社稷之礼；宗即宗人，掌宗庙之礼；卜即大卜，为卜筮之长；史即大史，掌记史事和收藏典籍及观测星象、推算历法等；备物即按照一定的等级、名分所服、所佩之物；典策即各种典籍简册；官司即大小官吏；彝器即各种礼器。因周公功大，特享天子祭天九礼中郊祭、雩（祭天求雨）祭之礼，故于鲁城南郊建有圜丘、雩坛；鲁城内又得立四代之学，即有虞氏之米廪（夏后氏之序、殷商之瞽宗、周之頖宫，以示存古法。其頖宫又称泮宫，取半面环水之意，位于鲁城南门内，今曲阜城泮池即为其遗迹。泮宫为鲁城之主要学宫，鲁人讲习礼乐，鲁公出师前接受谋略，凯旋后举行庆祝活动等均在这里。由此可知鲁国礼乐之制完备，文化教育发达，经鲁人世代相传，周礼得以长期保存。至春秋晚期，周景王元年（公元前544年），吴公子季札来鲁，请观周乐。鲁乐工为其演奏，皆保持旧时风韵，令季札赞叹不已。周景王五年（公元前540年），晋韩宣子来鲁，观书于大史氏，见《易象》与《鲁春秋》，良多感慨，连说：周公所作礼乐全在鲁国啊！

孔子先祖原为宋人，亦即商人。周武王克商，封纣之庶兄微子于宋，国都宋城在今河南商丘。后微子传弟微仲，微仲传子宋公稽，宋公稽传子丁公申，丁公申传子湣公。湣公长子弗父何为孔子十世祖。湣公死后，其弟炀公即位。后湣公庶子鲋祀弑炀公，欲立太子弗父何，而弗父何让之。其弟鲋祀即位，为宋厉公。弗父何生宋父周，宋父周生世子胜，世子胜生正考父。正考父为孔子七世祖，曾得校《商颂》12篇于周太师。正考父生孔父嘉，因已传五世，关系疏远，另立为公族，姓孔氏。孔父嘉为宋大司马。周桓王十年（公元前710年），宋太宰华督杀孔父嘉，其子木金父逃到鲁国。木金父为孔子五世祖。自此，孔氏开始定居鲁国。后木金父生睪夷，睪夷生防叔，防叔生伯夏，伯夏生孔子父叔梁纥。叔梁纥为陬邑宰（一邑之长），又称陬叔纥。陬邑在今曲阜东南30余公里，周代属鲁国昌平乡。其附近有尼丘山，今称尼山。叔梁纥先娶妻生子孟皮，至晚年又娶孔子母颜徵在。相传颜母祈祷于尼丘山而得孔子，其山洞后世名为"坤灵洞"。

孔子于周灵王二十一年（鲁襄公二十二年）八月二十七日（公元前551年9月28日）生在陬邑，名丘，字仲尼。孔子3岁时，父叔梁纥死，随母颜徵在迁到鲁城，居宅大致位于今曲阜孔庙内杏坛处，东临于閟宫（大致在今曲阜孔府一带）。閟宫是鲁僖公（公元前659～前627年在位）为祭祀周人始祖后稷之母姜嫄而修的庙堂，因庙门常闭，故称閟宫。鲁城内殷人居西、周人居东，似以閟宫一带为界限。颜母携孔子迁来得晚，又是小族，所以只能住在殷人聚族而居地区的边缘地带。颜氏为颛顼后裔曹姓之后（或以为鲁公伯禽支庶），在鲁城内属大族，其居所当在颜回所居陋巷（今曲阜颜庙）一带。因颜母已嫁于殷人，故不入居母族。颜母与颜氏家族间少不了有一些往来照应，然而谋求生计恐怕主要还是靠自己。母子相依为命，其苦楚是可想而知的。生活在社会的底层使孔子的身心受到锻炼，同时也磨砺了他奋发向上的意志。他曾说："吾十有五而志于学。"即从 15 岁开始立志系统地学习古代礼乐知识。成年后，孔子身长九尺六寸（约合今 1.9 米），被称为"长人"。不幸的是，颜母因操劳过度而过早地去世。孔子在悲愤之余将父母遗体合葬于防山（今称梁公林），开始独立谋生。19 岁娶宋人并官氏之女为妻，20 岁生子孔鲤。其时鲁昭公以鲤鱼赐孔子，故以鲤名之，而字伯鱼。这表明孔子与上层社会有了一定程度的接触，不过，贫困的状况似并未得到根本的改变。为求生计，孔子只好去鲁国执政者季孙氏属下做委吏（主管仓库）、乘田（主管畜牧）一类职事，同时利用各种机会进行学习研究。在孔子28 岁时，郯子来鲁。孔子闻知郯子懂古时官制，即前去求教。后又向师襄子学琴。孔子"三十而立"，学成礼、乐、射、御、书、数"六艺"，开始确立其基本的思想倾向。他在 34 岁前后曾去周王都洛邑（今河南洛阳）一次，相传见到过老子。回到鲁国后，向孔子求学的人渐渐增多。他在 35 岁时，因鲁国内乱，又去齐都临淄（今山东临淄），曾与齐景公论政，但始终没有得到重用。37 岁时，回到鲁国，以后便不再出来做官，专心致力于《诗》、《书》、《礼》、《乐》等典籍的编订，教授弟子。50 岁以后又开始研究《周易》。这一时期，孔子在思想、教育及整理古代文化典籍诸方面都取得重大建树。而后，他在 51～55 岁之间曾一度在鲁国做官，由中都宰而为司空，再为大司寇。他力图实行"仁政德治"，也颇见成效。但鲁国君臣怠于政事，使他感到失望，而不得不在 55 岁时率众弟子离开鲁国，求仕他方。先在卫国留居 5 年，后经曹、宋、郑等国而至陈，在陈 3 年后又经蔡地重返于卫，再居卫 5 年而至 68 岁。如此周游列国 14 年，备受艰辛困厄，始终不得重用，使他心灰意冷，只好回到鲁国，已年近 70 岁了。在他归鲁的前一年，夫人并官氏去世；归鲁后一年，儿子孔鲤又去世。孔子晚年大概已不再居于鲁城内旧宅（由孔子子孙居住），而是与弟子共居于洙、泗之间的"居堂"。《礼记·檀弓上》载曾子（比孔子小 46 岁）对子夏（比孔子小 44 岁）说："吾与女（即汝，你）事夫子于洙泗之间。"孔子在 71 岁时完成了对《春秋》的修订，其记事终于这一年的"西狩获麟"。此兽不常见，人皆不识，孔子称它为麟。由麟被猎获，孔子联想到世乱不治，不免引出感叹：我所希望看到的理想国不会再出现了！《春秋》一书也就此绝笔，不再写下去。至此，流传于后世的《诗》、《书》、《礼》、《乐》、《易》、《春秋》"六经"已全部整理完毕；先后师从孔子的弟子也达 3000 余人，并且有 72 人身通六艺；孔子思想及言论已被弟子们牢记在心。应该说，历史赋予孔子的使命已经完成了。当然，这一切都是以饱经忧患、不得意于仕途作为代价的。而后，孔子虽仍不忘世事，但体衰多病，已无力进取。周敬王四十一年（公元前479年）四月三日夜，孔子梦见自己在庙堂两柱间坐享供食，预感到自己即将离开人世。次日晨起，来到门前，反手将拄杖支在身后，凝望长天大地，神态逍遥，仿佛要摆脱一切，轻声吟诵道：泰山倾颓了，梁木坏朽了，哲人枯萎了。7天后，即四月十一日，一代哲人溘然长逝，享年73岁。

孔子一生凄凄惶惶，始终怀有一种历史使命感与社会责任感。仕途上的连连失意没有使他消沉，相反的，更加激励他将全部身心都投入了总结思想体系、教授弟子及整理古文化典籍的事业上。因孔子在年轻时曾事儒职（以相礼为业），故他的思想体系被称为儒家学说，或简称儒学。后来，他的学说被普遍地接受了，由此而使得华夏共同体得以维系，并形成了其特有的文化传统。孔子被尊为圣人是当之无愧的。

孔子承先启后，使中华文明承传有绪，其辉煌的业绩永存于世。孔子殁后，天地间出现了孔子庙，且渐至遍布中华大地乃至海外，相沿至今，已近2500年。这在古今中外历史上是独一无二的。它不仅表明这位圣哲曾经存在过，而且，更重要的是作为中华文明的象征，表示其具有永久的生命力。

二　曲阜本庙

　　孔庙首先出现于孔子故里即今山东曲阜，发展至今，大体上经历了因讲堂为庙、因旧宅立庙、扩建孔庙、庙宅相分、环庙筑城等几个阶段。在诸多孔庙中，曲阜本庙相沿时间最久，建制最为完备，且独具特色。

因讲堂为庙

　　孔庙先是在鲁城北洙、泗之间因讲堂而为之。

　　孔子去世后，葬于鲁城北（后孔子子孙世代葬此，形成孔林）。弟子们为尽哀思，皆于墓冢附近修建屋舍而居，服衰3年，其中子贡守庐6年方离去（后世于孔子墓前建子贡庐墓处）。又有弟子及鲁人百余家迁居于孔子墓冢附近，称为孔里。每年祠日，弟子及鲁人都要来到孔子冢前行祭，并讲习礼乐。后相沿成习，至汉初二百余年不绝。司马迁在20岁时远游至鲁，就曾见到过这一情景。他怀着极度崇敬的心情观看孔子庙堂中所收藏的孔子生前用过的乘车、衣服及各种礼器。《史记·孔子世家》中记载："故所居堂弟子内，后世因庙，藏孔子衣冠琴车书。"这是关于孔庙的最早记载。"居堂"，指孔子生前居住的寝室及讲堂，位于庭院正中；"内"，指位于正房两侧的房舍，为孔子弟子所居。由此可知，孔庙最初是沿用孔子居堂而设的，地在古阙里。

此古阙里在洙、泗二水之间。古时洙水在泗水之北，在鲁城东北约 8 公里处交汇于泗水，后又分流，经阙里、孔里后又西南流经瑕丘城（今山东兖州）东。隋唐以后，洙水河道湮失，后人遂将原鲁城北垣外护城河附会为洙水（其中有一段在今孔林围墙内）。据有关记载，古阙里大致在今曲阜城东北 5 公里处，其"背洙面泗"，即南面朝向泗水，北面临于洙水。北距洙水约 150 米。阙里四周筑有围墙，东西宽约 90 米，南北长约 180 米；四面各设门，有石制门限。孔子晚年领徒于洙、泗之间，即师生共同居住在这里。孔子去世后，弟子们为了表达对老师的敬仰之情，将孔子居堂改为庙，并收藏孔子生前用过的遗物如衣裳、冠履、寝床、席几、石砚、佩剑、琴书及乘车等于内。其形制规模已无法得知。依汉魏时期鲁城内所立孔庙之制推测，孔子居堂很可能原为 3 间，中为厅堂、东为寝室、西为讲堂。依照古时礼制，以面向朝东为尊，所以绘孔子像于讲堂西墙；又于桌几上置放礼器，以备祭祀之用；其他遗物大部分收藏在寝室内，依照原样摆放；乘车似当放于中厅。如此庙制，虽不很正规，但可使人睹物思情，具有极强的亲切感。后住在这里的弟子去世，其居室亦多予以保存。至东汉初年，光武帝东巡过鲁地,来到阙里,坐孔子讲堂,犹可分辨出子路居室。至东汉中期,孔庙迁于鲁城内。因讲堂为庙,前后共六百余年。

鲁城在西汉时期为鲁王都,至王莽时改为鲁郡治所。东汉初年又封东海王刘强于此,以为国都。其国王之位世袭,国相或郡守则由皇帝委派。凡来此就任者,皆先拜谒孔庙,然后从政。而阙里讲学活动亦并不废,由此而形成了庙学合一的规制。西汉晚期,有孔子十四世孙孔子立以诗书教于阙里,从学者达数百人。这一时期的祭祀场面已很大,有许多人参加或围观。东汉初年,董宪、彭丰等率众拒守于这一带,鲁郡太守鲍永到任后无法使其就范。正束手无策之际,忽然听到自阙里西至孔里的两千余米长的通道上的丛生荆棘,一夜之间悄然被除去的消息,心生一计,派人告知董宪、彭丰等将行祭礼于阙里孔庙。董宪、彭丰等按时赶来参加,遂被擒获。由此可见,祭孔活动已深入人心,无持异议者。此后不久,鲁相锺离意到任,拜谒孔庙,见庙藏乘车已朽败,即出私钱 13000文予以修复;又亲自擦拭桌几、铺席、佩剑、鞋履等遗物,还看到寝堂床头有一悬瓮。其属臣张伯在庭院内除草,于土中挖得玉璧 7 枚,锺离意命置放桌几之上。可知至东汉初期,阙里孔庙内陈设仍一如既往。

这一时期,祭孔礼仪尚无定制。汉高祖十二年(公元前 195 年)出行过鲁,以太牢(即牛、猪、羊三牲各一)祭祀孔子。这是祭祀礼仪中的最高规格。汉高祖又封孔子九世孙孔腾为奉祀君,并于鲁南宫召见儒生。此后，在整个西汉时期不见有皇帝来此行祭。西汉晚期，孔子十三世孙孔霸官为太师，赐爵关内侯，食邑八百户。他上书汉元帝，请求奉祀孔子。汉元帝即命将他所受食邑八百户名数改拨于鲁地其子孔福名下，作为祭祀孔子及维护阙里孔庙费用。汉平帝元始元年（公元 1 年）追谥孔子为褒成宣尼公；封孔子十六世孙孔均为褒成侯，以奉其祀。褒成侯食邑于瑕丘（今兖州），只是春夏秋冬各来祭祀一次，事毕即离去。东汉时期，先有光武帝来鲁地，命大司空祭祀孔子；后有明帝、章帝、安帝来鲁地，皆亲自祭祀孔子及 72弟子，章帝更以太牢礼祭之。除祭孔外，还召见褒成侯及孔氏亲属，各有赏赐；命诸儒生讲说儒家经典、演习礼乐等。

东汉中期，孔庙迁立于鲁城内，阙里作为纪念场所仍维持相当一段时间。至汉末魏初，各弟子房舍及水井等还在，而后渐至荒落。元代于孔林东北 1 公里处建洙泗书院，北临泗水，已不是古阙里原址。明清时期相沿。

 因旧宅立庙

鲁城内孔子旧宅位于今曲阜孔庙内杏坛一带。孔子自 3 岁随颜母迁来，至 55 岁出游列国，一直居住于此。其规模形制史无明载，依古时大夫"里舍九亩"推测，应当是方圆 40 余米，外围筑墙垣，内有宅舍及庭院等。孔子去世后，其后裔相沿而居。秦始皇焚书坑儒，孔子八世孙孔鲋藏《尚书》、《春秋》、《论语》、《孝经》等儒家经典于旧宅壁中。汉景帝（公元前156～前141年）时，鲁恭王因于原鲁僖公所筑閟宫基址修造灵光殿，并想进一步扩大其范围，拟将西部相邻的孔子旧宅拆除。后在动拆过程中发现了壁中藏书，又听到宅堂上传来的琴瑟声，不知鲁恭王作何种联想，竟决定不拆了，而将灵光殿围垣内收，故孔子旧宅得以保存。由此亦表明，在这以前孔子旧宅不曾为庙。此后孔子旧宅仍由孔子后裔或孔氏族人居住，相沿至东汉中期。

孔子旧宅立庙始于何时，于史无载，据推测，可能是在汉顺帝在位期间（126～144年）。乙瑛碑记："鲁前相瑛书言：诏书'崇圣道，勉□艺，孔子作《春秋》、制《孝经》，□□五经，演《易》系辞，经纬天地，幽赞神明'，故特立庙。"可知此孔庙是奉旨修建的。碑文又记乙瑛问祭祀孔子礼仪诸事于太常祠，被告知以京都行辟雍（建于京都的学宫）礼时祭祀孔子的场景。乙瑛之所以有如此发问而不再循于旧礼，是由于庙为新立的缘故。据史书记载，汉顺帝阳嘉二年（133年）十月"行礼辟雍"。同年六月，孔子十九世孙孔扶由太常升为司空，次年十一月被免此职。太常职司祭祀，司空职司营造。孔扶既任此职，又为鲁人，且属孔族，故于鲁城内立孔庙之事极有可能是其所为。之所以要将孔庙重立于孔子旧宅，很可能是由于这一时期阙里讲学已无后继者。汉章帝元和二年（公元85年）来阙里祭祀孔子，使孔子十九世孙孔僖从还京师，后授官临晋令，死于任上。其子长彦、季彦留居华阴，授徒讲学。汉安帝延光三年（124年），孔季彦死。记载孔子以来孔氏家学承传的《孔丛子》记事亦止于这一年，似可表明这一点。重立孔庙的另一个原因是孔子旧宅临近于鲁城泮宫（即今曲阜泮池，古时范围大于此）。因在京都辟雍内行祭孔之礼，故在鲁城泮宫亦当仿效，而立庙于孔子旧宅正可两全其事。很有可能是孔扶在阳嘉二年参与或观看京都辟雍行礼时引出此想，后奏请汉顺帝，得以诏示。如果是这样，则在孔子旧宅立庙应当是阳嘉三年（134年）。

这次立孔庙当是在旧宅址按照礼制新建。据有关记载可知，其占地范围大体上与旧宅相同，即方圆40余米。外围以墙垣，南垣正中设门阙。中心建筑为"庙屋三间"，位于今曲阜孔庙内杏坛处。西面一间供奉孔子神位，面向朝东；居中一间供奉颜母神位，面向朝南；东面一间供奉孔子夫人并官氏神位，亦面向朝东。这应当是对阙里孔庙有所因循而又加以改进，力求合于礼制，具有学庙与祖庙合一的特征。原藏于阙里的孔子遗物如乘车等也移放在此，陈列于西间。西间之西墙上安有木阁，围以帷帐，内挂孔子坐画像，左右列二弟子，执卷立侍。画像前铺置荐席，摆放祭器。庙屋正门与南垣门阙相对，有路相通。庙屋前立一无字碑，平日用于观测日影以记时；祭祀时用于拴系牛、羊等牲物，以便于宰杀。此外，庭院内还建有库房等屋舍；又有一池塘，东、西连通水沟，应是旧时遗存。

这一时期，袭封褒成侯者为孔子十九世孙孔曜。他仍是住在瑕丘，四时来鲁城内孔庙祭祀，事毕即归去。然而已不同于往日庙在阙里，因是单独立庙，平时无人看守，庙内礼器也无常人看管，不免有所损坏；逢春秋二祭，官员等来此行礼，已成定制，而置办祭器的费用却一直没有着落。为此，汉桓帝元嘉二年（152年），鲁相乙瑛上书，奏请置百石卒史（官吏名）1人，负责守庙；春秋二祭所需费用由鲁王拨给。汉桓帝允许。次年，乙瑛离任，继任鲁相平（名平，不知其姓）选孔和为守庙百石卒史，鲁县令鲍叠又为其修造看守房舍，于是，孔庙开始设专人管理，其庭院内也立起了第一块有字碑（即乙瑛碑），以铭记此事。

此后3年，即永寿二年（156年），鲁相韩敕到任。他看到孔庙内礼器尚不够完备，所藏孔子乘车（曾经锺离意出私钱修补）已朽坏，即命重造一批礼器，以备祭祀之用；又新作两辆"朝车"。因孔子此时已被追封为褒成宣尼公，故依汉时公爵一级所乘"朝车"的规格制作，色彩装饰华美。次年，又继续兴作，依照古图重绘庙内木阁中的孔子坐像；修整庭院池塘，使之水位加深，略呈方形；又修饰其他房舍及四面围墙等。孔庙由此而进一步改观，庙制大体完备。为铭记此事，其庭院内又增立二碑，即礼器碑及韩敕修孔庙后碑。

此后10余年，史晨任鲁相。汉灵帝建宁元年（168年）四月，史晨来到鲁城，随即择日去孔庙拜谒，从相府乘车前往，远远望见孔庙门阙，即肃然凭轼（车前横木）跪立，及至庙堂，屏息而入，面对孔子画像，虔敬参拜，仿佛真正见到了孔子。当年八月秋祭之日，他在泮宫饮酒后又来到孔庙。因王府不出钱，他只好自己出钱购置酒食祭品，摆放于案席，祭祀孔子。史晨是河南人，曾见到京都洛阳行辟雍礼时祭祀孔子的盛大场面；而在孔子故里，时逢祭日，竟是如此冷清，使他深感不安。次年二月春祭之日，史晨会同王府及鲁县诸官吏、已退休归乡的孔氏族人、守庙百石卒史、泮宫教授先生及诸弟子等共 907 人前来孔庙，向孔子行祭祀礼后，即在庭院内设座共饮、吟唱吹笙，相乐终日，盛况空前。随后，由其部属对孔庙再加以修缮，主要是将损坏的夯土围墙补好，并在顶部加盖瓦物及在中下部涂上色彩，用以保护；又疏通庭院内水沟，使水畅其流，向西流出围墙外，再折向南，注入护城河。三月，为使春秋二祭孔庙内的祭祀活动得以正常进行，史晨再次上书，奏请由鲁王承担这一笔费用，并立二碑以记此年春祭日盛况及奏文，即史晨碑及史晨飨孔庙后碑。至此，孔庙庭院内的有字碑增至 5 通。此外，庭院内的 24 株汉柏可能是种于这一时期前后。东汉末年，因遭火灾，孔庙受毁，庙内所藏"朝车"（韩敕造）被烧。

鲁城内另有颜母庙。《水经注·泗水》载："（孔子）庙之西北二里有颜母庙。庙像犹严，有修栝五株。"其地当今曲阜化肥厂及橡胶厂一带，大约建于汉代，而与孔庙同时栽种树木，故在北魏时可以见到如此景观。隋唐以后，颜母庙已不复存在。

曹魏时又重修孔庙。曹丕称帝后，即于黄初元年（220年）下诏，以孔子二十一世孙孔羡为宗圣侯，食邑百户；令鲁郡修起旧庙，置百石吏卒（官吏名）守卫；又于庙外建造许多房舍，供学者居住。此次重修孔庙，仍是维持旧有的规模形制；而在庙外建造房舍，学者们可聚居于此，讲学习礼，则是恢复原在鲁城北阙里所实行的庙、学合一之制。为此，皇弟曹植特撰写碑文，称"于是鲁之父老诸生游士睹庙堂之始复，观俎豆之初设，嘉圣灵于仿佛，想贞祥之来集"。这样，在孔庙庭院内，连同建庙时所立的无字碑，已"列七碑"。曹魏时期，鲁改为侯国，鲁城的居民减少，城郭内缩。重筑的鲁城西垣东距孔庙约300米，其西垣南门连接通达孔庙之路，为表示敬意，称归德门。汉魏以后，因鲁城北原阙里已荒落，孔庙重立于鲁城内孔子旧宅，且围居者日渐增多，故移阙里之名而称此居所（亦有学者认为，此鲁城内之阙里是因孔庙门阙或灵光殿门阙而得名，与鲁城北之阙里并无相沿关系。里为古时居民的一种建制单位），相沿至今。

晋时改鲁国为鲁郡，鲁城为郡治所。后至南朝刘宋时期又移郡治于邹县，鲁县仅为其领县，鲁城日益衰落。因战乱频仍，孔庙亦得不到及时修治，庙貌荒残。晋孝武帝太元十年（385年），晋孝武帝遣使臣李辽北上，路过鲁城，见孔庙庭宇倾颓，归来即上书请求修复孔庙，得以诏许。尚书令谢石及镇北将军刘恬等亦热心此事，谢石还拿出家布以资赞助。后因谢、刘故去，无法筹措到所需费用，只好作罢。宋文帝元嘉十九年（442年）又下诏修复孔庙及学舍，因道路阻隔，亦未得成。汉时在孔庙庭院内所栽种的24株柏树，此时有两株折倒。士人出于崇敬之情，无伐取者。元嘉二十八年（451年），宋武帝之子江夏王刘义恭在领督兖州任上，命人将两株柏树全部伐取，父老莫不为之叹息。宋武帝孝建元年（454年）再次下诏建庙，孔庙始得在原址重建，规模形制等均一如既往，祭祀之礼亦得以恢复。

不久，鲁城归属于北魏。皇兴年间（467～471年）重移鲁郡治于此，后又重建鲁城于今曲阜城东北周公庙高地。孔庙被置于城外，然一直保存完好。北魏太和十九年（495年），魏孝文帝来到鲁城，亲祀孔庙。其礼仪仍同于已往，即皇帝进庙屋西间，向西朝孔子神位再拜；群臣在庭院中，面向朝北而再拜。魏孝文帝又改封孔子二十八世孙孔灵珍为崇圣侯，食邑百户，以奉孔子祀；并下诏修治孔子坟冢，于园内栽种柏树。此后不久，郦道元来鲁地，见到孔庙"庙屋三间"，"庙列七碑"，"栝柏犹茂"，便记入其所著的《水经注》中。

至东魏兴和三年（541年），李珽任兖州刺史，鲁郡为其所属。李珽来鲁城拜谒孔庙，看到庙屋内孔子画像已陈旧，难以显示圣哲丰采，顿生感慨。为更加完满地再现孔子的风貌，他决定以雕塑代替绘画，命匠师依照原画来塑造孔子容像，而仍旧摆放在原来的位置上。同时，为体现"圣人之道，须辅佐而成"，又雕塑十弟子，即以德行称著的颜渊、闵子骞、冉伯牛、仲弓，以言语著称的宰我、子贡，以政事著称的冉有、季路，以文学著称的子游、子夏的容像分列其左右。恰似孔子在"微笑而时言"，弟子正"承颜而受业"。其塑像施以彩画，孔子及其弟子均头戴儒冠（青巾），身着青衣，俨然一派儒者形象。此为在孔庙内置放孔子塑像之始。亦于庙庭立碑以记其事。由碑文可知，这一时期孔庙保护完好，庙庭竹木森森，环境和谐幽雅，"鸿随秋下，则月秀霜枝；燕逐春来，亦风开翠叶"。虽使人略感凄清，然颇适于神灵凭依。

此后百余年间，鲁城内孔庙大体上是维持旧制，时有修缮。隋代改州、郡、县三级体制为州、县二级体制；又改鲁县为曲阜县，仍隶属于兖州。隋炀帝大业七年（611年），曲阜县令陈叔毅修饰孔庙，"粉壁椒涂，丹楹刻桷"。即将庙屋墙壁抹泥并涂以白色，将廊柱涂以红色，将屋上橑头雕刻以花纹。如此红白相间，正为隋唐以前诸庙及房舍的通行色调。至唐高祖武德九年（626年）下诏以孔子三十三世孙孔德伦为褒圣侯，并重修孔庙，从而使孔庙再一次得以全面维修，庙屋略有改观。"凤阁（屋脊）骞其特起，龙桷俨以临空，霞入绮寮，日晖丹楹。"即屋脊两端翘起，呈凤鸟昂首状；屋檐亦上翘，橑头雕成飞龙临空状；墙上开设绮窗，霞光可斜入庙屋；廊柱仍涂以红色。屋内依旧四壁涂白，将重塑的孔子及其弟子容像置放原处。庙庭"皎洁璧池，圆流若镜；青葱槐市，总翠成帷。"池水树木，一如旧观，唯连同此次所立碑已是"庙列十碑"，可谓圆满。此为孔庙在扩建前最后形成的景观。

自东汉中期孔庙移立于旧宅，至唐高宗时加以扩建，前后长达五百余年，虽几经毁坏，然终能依照旧有的规模形制得以保存。这对于孔庙以及儒学的发展具有巨大的意义。与早期在阙里因讲堂为庙不同，这一时期所建的孔庙已完全是合于礼制的庙堂，庙屋内已基本上不藏列孔子遗物；守庙者也已不再是孔子弟子或孔子后裔，而是由政府委派的官吏如百石卒史等；孔庙的修缮多由皇帝下诏或由当地官员自发进行；庙学活动未得以开展。孔子虽已被追封为襃成宣尼公，从政官员多来孔庙拜谒，但祭祀礼仪尚未形成定制，春秋二祭所需费用也没有固定来源。从其庙堂的简朴，孔子画像或塑像为儒者冠服等来看，对孔子的祭祀以及在孔庙所举行的各种活动，似更多地具有民间色彩和自然真趣。这一阶段承于前更启于后，不久就迎来了孔庙的大发展。

孔庙扩建

鲁地孔庙的扩建，始于唐高宗乾封年间（666～668 年）。这时上距唐朝开国已近 50 年，随着国势逐渐强盛，统治者开始注重文化及礼制建设，孔子和儒学也日益受到重视。乾封元年（666 年），唐高宗登上泰山行封禅大礼，在回返长安城途中经由曲阜，亲以少牢（即以一羊、一猪为祭牲）之礼致祭孔子，并追赠孔子为太师。他看到庙宇规模狭小，便诏示重加扩建。

　　这一次奉诏主持修造孔庙者为霍王李元轨。他是唐高祖第 14 子，好学尊儒，时为兖州都督。有崔行功撰碑文记其事："兖州都督霍王元轨大启藩维，肃承纶诰，庀徒揆日，疏闲薙远，接泮林之旧墟，削灵光之前殿。"大意是说，李元轨秉承皇帝旨意，大大拓展孔庙的四围界限，集合人力，择定日期，疏通阻隔，清除远处荒草。其东南角接近旧时泮宫的围墙；东北角在往日灵光殿残基处，需加以削平。这次扩建孔庙，伐木于徂来、新甫之山，采石于岱山之谷与泗水之滨。庙屋施以红、紫、青、黑等色彩，使用多层斗拱，墙壁开窗。四周环以步廊，屋上覆以重檐。而室内案几、荐席等设置一如其旧，孔子塑像仍是坐西朝东安放，为"卷领素王"的儒者形象，颜渊等弟子分列两侧。从形制来看，依然是维持"庙屋三间"之制，只是在外观上有较大改变，庭院亦有所扩展。同时，依照这一时期通行的规制，在庙庭围墙之外尚需修筑一道外围墙。原鲁城泮宫围墙的西北角大致在今曲阜城棋盘街与龙虎街相交处，灵光殿基址大致在今孔府东路后大厅及假山一带。既已削平灵光殿基（或只是削平其中一部分），则新修筑的外围墙的东北角自当扩展至此。其东围墙，大致在今孔府东路与中路之间；北围墙，大致在今孔府假山至孔庙圣迹殿一线；南围墙，可能在今孔子故宅门一线，东南角正临近鲁泮宫围墙；西围墙，可能在今孔庙西庑一线。如此，则其东西、南北之长各二百余米。比照以上所推定的原孔庙（即孔子旧宅）的范围长、宽各 40 余米，足足增大约

25 倍，可谓空前之举！其中，除西部孔庙占地及内围墙外所建神厨、斋院等附属建筑外，大部分为孔子后裔及孔氏族人居舍所占。魏晋以后，原建于这一带的灵光殿建筑群毁坏，鲁地亦不再封王，隋唐时期曲阜县城又迁移至今周公庙高地一带，孔庙渐成为孔子后裔及孔氏族人围居之所，人口日益增多，故有这样一种需求。由此而形成庙、宅合一之制。今孔子故宅门正为唐时"庙宅之门"。进入此门，可至孔子后裔及孔氏族人居所。"庙宅之门"的西面另有庙门，南临大路，向西通向旧鲁城西垣的归德门。贾防撰碑文描述："门连归德，先分数仞之形；殿接灵光，重见独存之状。"即庙门连接归德门，进入归德门就可见到庙宅高达"数仞"的外围墙；孔庙殿堂所在临近于原灵光殿址，其巍峨壮观，恰似重见当年灵光殿岿然独存之状。地上的孔庙建制宏伟，同时也表明了人们心目中孔子的地位在增高。

至唐玄宗时，孔庙又有所改建。唐玄宗极重儒道，曾自注《孝经》，这在古代帝王中是绝无仅有的。开元十三年（725 年），他登泰山行封禅礼，在回归途中经由曲阜，巡幸孔庙，遣使臣以太牢之礼致祭于孔子墓，并写了《经鲁祭孔子而叹之》一诗：

夫子何为者？凄凄一代中。

地犹鄹氏邑，宅即鲁王宫。

叹凤嗟身否，伤麟怨道穷。

今看两楹奠，当与梦时同。

大意是说，当年孔子为道业献身，凄凄惶惶地度过了一生。而今来到孔子的诞生地陬邑和鲁城旧居地，深为孔子生前曾感叹凤鸟不见、麟兽被猎而伤怀。孔子身后受到人们的崇敬，立庙以祭之。今日所看到的致祭孔庙的场景，应当与孔子临终前所梦相同吧。诗中充满了伤感之情。为表示尊孔重道，又诏示"广大本庙"，即要进一步扩大建于孔子故里的孔庙。开元二十七年（739 年），又下诏追谥孔子为文宣王，封孔子后裔为文宣公，追赠颜渊为兖公、闵子骞等 9 人为侯、曾参等 70 余人为伯，并诏示"辨方正位"，即改正殿内孔子塑像的安放位置及朝向，使孔子居中，南面而坐；十哲（即颜渊等 10 弟子）等东西列侍。孔子塑像的衣服，里面露出王者衮冕之服。至于孔庙如何改建，于史无载。参照宋时《阙里庙制图》（见图 1）等推测，很

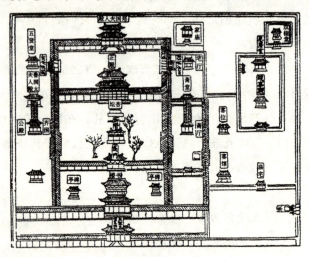

图 1　"宋阙里庙制"图

（据《孔氏祖庭广记》）

可能是在此时将孔庙正殿改为面阔 5 间，并专奉祀孔子。孔子塑像居于正位，坐北朝南，服饰是里面穿着王者之服，外面仍罩以儒者之衣。十哲坐像分列东西，其他 70 余人画像绘于壁上。在正殿之后另建寝殿，以奉祀夫人并官氏；于孔庙之西建叔梁大夫堂，以奉祀孔子父母。

依照唐代礼制，每年春秋二仲上丁之日（即二月和八月上旬第一个天干丁日），以少牢之礼祭祀孔子，属中祀。其庙内祭器有 10 个笾、10 个豆、2 个簠、2 个簋、3 个甄、3 个钘、3 个俎。此外，在曲阜的孔庙，当还有孔子后裔及孔氏族人定时或不定时举行一些其他祭祀活动等。平日主要是过往的从政官员及儒生前来拜谒，平民亦可进出庭庭，在管理上并不很严格。唐代宗广德年间（763～764 年），御史大夫李季卿等路过曲阜，拜谒孔庙，看到庙门内和正殿西南各有一株柏叶松身之树，高五六丈，已枯槁。闻说其树在西晋永嘉年间已枯死，至隋仁寿年间门内之树忽生枝叶，唐乾封年间复枯。因树质好，雕为器具色紫而有光泽，人多窃割削之，使树身渐细，只好用泥累封。至此，汉魏时栽种于庙庭的古树已不存在。

这一时期，孔庙的修缮主要是由当地官员或孔子后裔来进行筹划，皆依成制。唐代宗大历八年（773 年），兖州刺史孟休鉴看到庙门毁坏，便命人修整。唐懿宗咸通十年（869 年），又有孔子三十九世孙孔温裕以私俸对孔庙进行全面维修。至五代后周广顺二年（952 年），太祖巡幸曲阜，亲致祭孔子，并诏示修葺孔庙，仍是维持唐时旧貌。

至宋代，孔庙进一步扩建，有较大改观。太平兴国八年（983年），宋太宗下诏增修孔庙。吕蒙正撰碑文记其事。又据宋《阙里庙制图》（见图1）等可知，这次扩建，主要是增建御书楼（金代改称奎文阁）及将外围墙南垣扩展至今孔庙同文门一线。御书楼为五间二檐带平座的2层楼。上层用为藏书，建制精美辉煌，透过雕以花纹之窗可望尽四野，抚凭红色围栏似升入太空，屋内深沉吹来天风，屋脊翘起拂开云汉。下层用为内院正门，左右连以孔庙内围墙。内院正门直对外围墙南垣正门，需经此"重门"方能进入原庙门至庙堂。内外围墙上部覆以护瓦，翘然若鸟雀展翅。内院正门内东、西各建一座碑亭，西碑亭立唐封孔子太师碑，东碑亭立本次重修孔子庙碑。唐以前诸碑仍立于庙庭内原处，未建碑亭。原庙门内所建四周步廊、正殿及后寝殿等亦同于唐时旧制，经重新修饰后焕然一新。另外，在孔庙东部建有斋厅、斋堂、宅厅、家庙、客位及孔子后裔居住议事的袭封视事厅、恩庆堂等，仍为庙宅合一制。因外围墙南垣南移，将原庙宅之门围于内，故又在新扩建的东垣南部设东门以通行。孔子四十五世孙孔道辅之子孔宗翰及其弟于宅内学习，在宋仁宗皇祐年间（1049～1054年）同年登进士第，一时被传为佳话。其学习所居被称为双桂堂（古时称科举及第为折桂，二人同登，故有此称），位于宅内东北部。

宋真宗于大中祥符元年（1008年）十一月在泰山

封禅返回途中巡幸曲阜，拜谒孔庙。其时孔庙内外遍设黄色旗仗，宋真宗身穿朝袍，亲人殿堂进献祭酒。原拟肃立揖拜，为表示崇敬，改为俯首长拜，并又再拜。随行文武百官皆立于殿庭而拜。由孔子后裔及孔氏族人陪祭。拜毕，宋真宗瞻仰孔子容像，察看庙堂，连声赞叹；在庙堂西厢召见孔氏子孙，并巡视叔梁大夫堂；又去孔子墓前拜谒。后下诏加封孔子为玄圣文宣王（大中祥符五年改谥称至圣文宣王），追封叔梁纥为齐国公，颜母为鲁国太夫人，并官氏为郓国夫人；又亲为《宣圣赞》：

> 立言不朽，垂教无疆。
>
> 昭然令德，伟哉素王。
>
> 人伦之表，帝道之纲。
>
> 厥功茂实，其用允臧。
>
> 升中既毕，盛典载扬。
>
> 洪名有赫，懿范弥彰。

大意是说，孔子创立的儒学思想体系万古承传，其贡献和美德为人所共识，是伟大的无冕之王。其为人师表，也为帝王行动指明准则和方向。其功用在于使人向真向善。今人庙堂拜谒，又撰文予以褒扬。希望孔子大名更加显赫于世。此后，叔梁大夫堂改称齐国公殿，鲁国太夫人仍与之同堂；孔庙内后寝殿改称郓国夫人殿。大中祥符二年（1009 年），孔子四十四世孙孔勖知曲阜县事，奏请于庙侧创立学舍。宋真宗诏示：

准许于斋厅内说书。遂先讲学于斋厅，至乾兴元年（1022 年）又于庙宅之内另建学舍。后历代相沿，由孔氏家学发展成为孔颜曾孟四氏学。宋真宗除崇敬孔子外，亦信奉道教。大中祥符五年（1012 年），以相传黄帝诞生于寿丘（今曲阜城东旧县村），下诏移县治于此，并改称仙源县，在县城内修筑景灵宫，以供奉黄帝。而于原曲阜县城内重建文宪王庙（即周公庙，相沿至今）。其庙东又有胜果寺，城外西部还有白鹤观等。此后百余年间，曲阜之地呈现出儒、道、佛并存的局面，实属空前绝后，然并没有因此而动摇孔庙及儒学的中心地位。

宋真宗天禧五年（1021 年），孔道辅任太常博士，上书言"庙制卑陋，请加修崇。"宋真宗诏许，并拨给营修泰山封禅行宫所余木材，皆橡、樟、楩、梓一类上等好料；又命孔道辅监修。

经这次重修，孔庙内布局大有改观。主要是将正殿后移至今大成殿址，而将郓国夫人殿后移至今寝殿址。殿宇益加宏伟，其正殿当在此时改为面阔 7 间的建制。殿前庭院增大，而旧殿基亦不予毁拆，以砖石照原样围砌成坛状，并环植杏树，称杏坛。杏坛一语原出于《庄子·渔父》篇："孔子游乎缁帷之林，休坐乎杏坛之上。"是说孔子晚年某一日与众弟子在林中休息。其树木繁盛，遮天蔽日；所坐土坛，周围多杏树。孔子弦歌鼓琴，河中渔父闻得，下船上岸在林边静听，被孔子弟子子贡、子路二人发现，回报孔子。孔子推琴而起，赶至岸边与渔父交谈。渔父言以大道，孔子深为折服。后渔父乘船离去，孔子伫立岸边目送。船渐渐去远，等到行船荡起的波纹消失，水面平静后，孔子才转身走回林中。这真是一幕极动人的图景！虽不能指实，但可形象地体现出孔子的"乐道"精神。而所谓杏坛，原不过是一方土丘，只是因为孔子曾经坐于其上，并与这一段感人的故事联系在一起，便具有了神圣的意义。孔道辅将旧殿基改作杏坛，既可以使原址得以保护；又可以使人睹物生情，引发出种种联想，在孔庙建筑中堪称是绝妙一笔。此外，又在杏坛前建御赞殿，竖立宋真宗御撰《宣圣赞》碑。至此，孔庙内格局基本定型，相沿至今。

宋仁宗景祐五年（1038 年），孔道辅建五贤堂于孔庙西殿廊外，以奉祀孟子、荀子、扬雄、王通、韩愈。庆历八年（1048 年），孔道辅之弟孔彦辅又在齐国公殿后另建鲁国太夫人殿，专供奉颜母。至和二年（1055 年），孔子四十六世孙孔宗愿被改封为衍圣公。嘉祐六年（1061 年），宋仁宗御书金字篆额"宣圣庙"和"飞白殿榜"，分别安于庙门和正殿。宋神宗元丰五年（1082 年），孔子四十七世孙孔若升又于庙内后寝殿之东、西庑分别建二世祖殿、三世祖殿，以奉祀孔鲤、孔伋。宋徽宗崇宁元年（1102 年），追封孔鲤为泗水侯、孔伋为沂水侯。后又诏示称孔庙正殿为大成殿，御书"大成殿"额；文宣王冕为 12 旒；庙门列 24 戟，制同太庙。

此外，在孔子诞生地尼山，后周显德年间（954 ～ 960 年）由兖州太守赵某创立孔庙。至北宋仁宗庆历三年（1043 年），孔宗愿又加以重修。尼山五峰列峙，中峰称尼丘，当年颜母祈祷此峰而生孔子。尼山孔庙坐落于尼山东麓，西对尼山中峰，东对颜母山，庙前有智源溪，后有中和壑。山下东濒泗水支流、西南临沂水，可谓山川秀丽。庙内建有正殿、寝宫；庙旁建有讲堂、学舍及祭田，为后世尼山书院之始。庙西建祠，供奉尼山之神，封其为毓圣侯。毓圣即孕育圣人之意。

南宋时与金人南北分治，鲁地归于金，复改仙源县为曲阜县。孔子四十八世孙衍圣公孔端友随宋高宗南渡，迁居衢州（今浙江衢州市），是为南宗，后立孔氏家庙于此。金人复封孔端友之弟孔端操次子孔璠为衍圣公，是为北宗，主持奉祀曲阜孔庙。

金代早期，孔庙一仍旧制。金熙宗皇统二年（1142 年）拨钱修复大成殿，后又陆续修复两廊及齐国公殿等。至金世宗大定年间（1161～1189 年），由孔子五十世孙衍圣公孔总主持，修复郓国夫人殿，于宋修庙门（即今同文门）外增修大中门，并将庙宅四面围墙向外扩展，达到今孔庙之大中门以北的规模。其南、西、北围墙分别在今东南角楼、西南角楼、西北角楼、东北角楼相连一线，东围墙在今孔府东路东围墙一线，仍为庙宅合一制。

金章宗明昌元年（1190 年），诏令重修孔庙，"以大作新之"，从而有新的改观。大成殿外柱换以刻龙石柱，大成殿及两廊庑屋顶用绿琉璃瓦作镶边，大成殿与两侧廊庑之间连以斜廊，大成殿与后寝殿之间连以穿堂、平面成工字形。修复大成殿两侧的东贤廊及西贤廊，将供奉的群弟子及先儒画像改为塑像。修复后寝殿两侧的二世祖殿、三世祖殿及齐国公殿后的鲁国太夫人殿，并于齐国公殿西增修毓圣侯殿。东部斋厅后增修金丝堂。杏坛上增立大学士党怀英手书"杏坛"碑。南部重修御书楼，并改称奎文阁，其下层仍作为门，两侧连以廊庑。东边门墙壁上刻有顾恺之、吴道子所绘孔子影像；东边廊庑置放6通碑，其中5碑为隶书；西边廊庑置放8通碑，其中4碑为隶书。奎文阁北二碑亭内，西亭置立唐碑2通；东亭置立宋碑1通，金碑1通（即党怀英为重修孔庙所撰记文碑）。另在大中门外又设棂星门；在大成门前东西两侧各增2道门，由西向东依次为观德门、由义门、居仁门、毓粹门，使西来者入归德门后可径由此门而进孔庙；在南围墙与原庙宅之门（今称孔子故宅门）相对处（大致在今钟楼位置）开庙宅外门，庙宅之门北对视事厅里门，此里门、庙宅之门与庙宅外门南北连为一条直线。在视事厅以东增修袭封宅，以居衍圣公。在庙宅东南部设庙学区，东建教授厅，西建学堂。这次修建，由孔子五十一世孙衍圣公孔元措主持。经此次增修，孔庙内各种建筑物总计达400余间，并一扫以往的素朴格调，开用龙柱及绿琉璃瓦进行装饰的先河，使孔庙渐趋华丽。（见图2）

南宋理宗宝庆元年（1225年），宋人收复山东，曲阜重归于宋。因孔元措已从金人迁于汴京，乃以孔端立曾孙孔元用权袭封衍圣公，后又由其子孔之全承

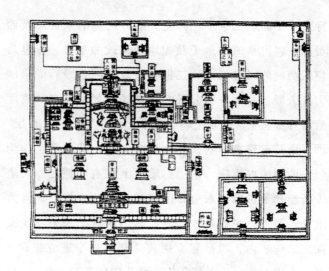

图 2 "金阙里庙制"图

（据《孔氏祖庭广记》）

袭。元初，孔元措自汴京归曲阜，孔之全以爵位让于孔元措，孔元措又重为袭封衍圣公。因孔元措无子，以孔之全之子孔治袭封。元世祖时改封南宗孔子五十三世孙孔洙为国子监祭酒，免去其衍圣公称号，从而结束南、北二宗对立的局面。

宋金之际，孔庙内配享（陪同受祭）及从祀（随从受祭）者屡有变动，而渐趋稳定。先是以颜子、孟子配享；至北宋末年又一度升王安石为配享，旋降为从祀。其时从祀者已达 108 人。金时无改，仍以颜子、孟子配享。南宋末年，将王安石黜出从祀行列。至宋度宗咸淳三年（1267 年），升曾参、孔伋为配享，升颛孙师为十哲，孔庙内配享及从祀之序最后定为：颜子、曾子、孔伋、孟子居正位之东面，西向北上，为配位；闵损、冉雍、端木赐、仲由、卜商居殿上东面，西向北上，冉耕、宰予、冉求、言偃、颛孙师居殿上西面，东向北上，为从祀；澹台灭明、原宪、南宫适、曾点、商瞿、漆雕开、司马耕、有若、巫马施、颜辛、曹岫、公孙龙、秦祖、颜高、壤驷赤、石作蜀、公夏首、后处、奚容点、颜祖、句井疆、秦商、公祖句兹、县成、燕伋、颜之仆、乐欬、颜何、狄黑、孔忠、公西点、施之常、秦非、申枨、颜哙、孔鲤、荀况、穀梁赤、高堂生、毛苌、刘向、郑众、杜子春、卢植、服虔、王肃、杜预、韩愈、程颢、邵雍、司马光、张栻居东庑，并西向；宓不齐、公冶长、公晰哀、颜无繇、高柴、公伯寮、樊须、公西赤、梁鳣、冉孺、伯虔、冉季、漆雕哆、漆雕徒父、商泽、任不齐、公良孺、秦冉、公肩定、鄡单、罕父黑、申党、荣旂、左人郢、郑国、原亢、廉洁、叔仲会、邦巽、公西舆如、蘧瑗、林放、陈亢、琴张、步叔乘、左丘明、公羊高、伏胜、戴圣、孔安国、扬雄、贾逵、马融、郑玄、何休、王弼、范宁、周敦颐、程颐、张载、朱熹、吕祖谦居西庑，并东向。其配享及从祀者共为118人。

金元之际，因遭受战乱，孔庙大成殿及郓国夫人殿等被毁。蒙古定宗三年（宋理宗淳祐八年，1248年），先修复郓国夫人殿，暂时安放孔子及颜子、孟子、十哲像。后四年，有学者杨奂来游，撰《东游阙里记》述其行程。其入自归德门，受到族长孔德刚等人迎接；过大中门，由庙宅外门而入，路过庙学；自毓粹门之北入斋厅，见到金丝堂。第二日晨，伴随着钟鸣之声，班列于杏坛之下，北向郓国夫人新殿参拜，读祝版祭辞；接着西去拜谒齐国公殿及鲁国太夫人殿，见到毓圣侯殿及五贤堂等；后又折返而至杏坛，往南参观御赞殿、碑亭、奎文阁等；再折返而至斋厅；宴后出北门，向东经袭封宅，出东北门而至陋巷。可知此时依然是庙宅合一。元世祖至元四年（1267年），重修孔庙，此制方有所改变。自唐乾封元年（666年）扩建以来，行庙宅合一制前后600余年。

就孔庙本身来看，这一时期得以空前发展。随着孔子封谥的增高，孔庙不断加以扩建。殿址后移，以增大殿前空间；殿制扩为面阔5间，后又进一步扩为7间；殿内孔子塑像由东向改为南向，使配享及从祀者定序；修建了杏坛、奎文阁等景观。虽是庙宅合一，然却自成一独立系统，为以后庙宅相分、进一步发展奠定了基础。

庙宅相分

元世祖至元四年（1267年），在曲阜县令孔子五十三世孙孔治主持下重修孔庙。阎复撰碑文记："至元丁卯，衍圣公治尹曲阜，主祀事，将图起废，奎文、杏坛、斋厅、黉舍，即其旧而新之，礼殿则未遑也。"可知此次除大成殿等外，奎文阁、杏坛、斋厅、黉舍（即庙学）等大部分依旧制予以重修。庙宅相分亦当完成于此时。今孔庙内残存的元代庙制图碑中有奎文阁及碑以南图形，从中可见已将金时所建庙宅外门（大致在今钟楼处）封起，另建庙学于此。庙学北为学舍、南为教授厅，门设于北面、西临毓粹门。庙学东围墙内缩，大致在今孔府中路与孔府西路交接一线，北部将视事厅及庙宅之门（即今孔子故宅门）包围在内，而将建于视事厅以东的袭封宅等分出。如此，则孔庙之外围墙，南垣与北垣均长 180 余米，西垣（自今西北角楼至西南角楼）长 370 余米，东垣长 360 余米，周长约 1090 米。至元十九年（1282 年）整修外围墙。杨桓撰《修阙里庙垣记》称："阙里庙制周三里而弱，崇垣四护。"元代里制，3 里之长合今约 1136.52 米。"周三里而弱"正为庙、宅相分后孔庙的规模。有至元四年相分于前，方有相隔 15 年重修庙垣于后。此次修缮，亦由孔治主持，"从民意而借其力"，有"几千人"自愿前来参加，为一时盛事。修好庙垣，又增植松树、桧树等 1000 株。至元三十一年（1294 年），在大成殿东庑基址蹩隙间又有桧芽萌生，三氏学教谕张须认为是孔子当年手植桧子遗复荣，遂将其移植于大成门内东侧今址，并作《圣桧铭》：

> 兹桧之干，高参于天。
>
> 兹桧之根，深及于泉。
>
> 是为手植，自古有传。
>
> 去圣伊何？曰岁二千。
>
> …………
>
> 嘉种载衍，有芽其卷。
>
> 苗乎蹩间，东庑之偏。

乃徙故处，全其天然。

孔氏以兴，矢言有焉。

实际上，这只不过是一种附会，但它却真实地反映出人们崇尚孔子、希望儒学发扬光大的良好意愿。经过百余载，至明洪武末年，此桧树已长成高三丈、围四尺，渐矫如龙形。可惜明孝宗弘治十二年（1499 年）六月因雷雨引起的一场大火殃及于此，火后仅存余干。为加以保护，兖州知府童旭在其四周置以石栏。明神宗万历二十八年（1600 年），又有杨光训手书"先师手植桧"石碑立于其侧。清雍正二年（1724 年），枯槁再遭火难，唯遗树桩。雍正十年（1732 年），幸有新枝复生，称"再生桧"，今已长至 10 多米高，粗可合抱，树冠亭亭如帷盖，青葱苍翠。

元成宗大德二年（1298 年），济宁总管府守臣按檀不花奉诏主持重修孔庙，至大德五年告成。又修复大成殿、两庑、泗水公殿、沂水公殿、大成门等，迁孔子塑像于大成殿，更塑郓国夫人像于后寝，孔庙修复工程全部完成。经前后 30 余年兴作，庙制虽一如其旧，但却庙、宅相分，使孔庙自成一个完整的独立系统（其东部尚保存有视事厅及庙学等附属建筑，然不影响孔庙自身作为独立系统而存在）。这在孔庙发展史上应该说是具有划时代意义的。其庙、宅合久而分，从主要方面来看，乃是孔庙发展的必然结果；而直接原因则很可能是与元初曲阜县令治事于袭封宅有关。自唐末以来，曲阜县令一直由孔子后裔担任，成为世职。元初任此职者先后为孔元用、孔之全、孔治等。其时城多毁坏，县无治所，只好治事于其宅，致使往来人员大增，多有不便，故有庙、宅相分的举措。后县城重修，迁于城内衙署治事，原袭封宅则一仍其旧。

元成宗大德十一年（1307年），诏令加封孔子为大成至圣宣王，于奎文阁北西侧建碑亭，立碑以记之。碑文用八思巴文和汉文两种文字书写。元文宗至顺元年（1330年），又下诏追封颜子为复圣、曾子为宗圣、子思为述圣、孟子为亚圣，仍皆配享。从祀者新增董仲舒、许衡等。至顺二年，应孔子五十四世孙衍圣公孔思晦之请，准仿王宫之制，于孔庙围墙四隅营建角楼。元顺帝元统二年（1334年），济宁总管张仲仁及孔子五十五世孙、曲阜县尹孔克钦奉诏主持再修孔庙，至元二年（1336年）落成。这次修缮较为全面，除将殿阁庑门等重加饰新外，主要改制是于围墙四隅增建角楼，以使孔庙与王宫同制。古时讲究宫、庙同制，宫居生者，庙设死者神主。孔子既已被追谥为王，其庙制亦当同于王宫。为此，进一步修整四面围墙，将孔庙内围墙东垣外南部的庙学和北部的视事厅等又分离出来，使之各自成一院落，不再与孔庙同圈在一个外围墙内。孔庙围墙内只保留有斋厅、金丝堂、延宾斋（原在斋厅与视事厅之间）等，从而使孔庙系统完全独立，成为今所见到的四角楼以内的规模，其南垣长150余米、东垣长360余米、北垣长140余米、西垣长370余米，占地近90亩。后又在奎文阁北东侧再建一座碑亭，使孔庙内碑亭增为4座。

明代，孔庙又有所发展，主要是在南部扩建，最终完成礼制化。开国之初，明太祖接连召见孔子五十五世孙衍圣公孔克坚及其子孔希学，说：孔子离开人世虽然已很久远，而受人尊敬则始终如一，为什么呢？是因为他讲的道理为皇帝所师法，为平民所遵循，传至万世不可废啊！表明了其尊孔的态度。这两次朝廷对话，后被刻在石碑上，立于孔府二门内。为了加强孔庙管理，明太祖决定从孔子五十六世孙孔希学袭封衍圣公起，专主祀事，爵视一品官；另于孔氏家族内推选县尹，治理曲阜地方诸事。设管勾1员、典籍1员、司乐1员，具体负责孔庙管理；拨派洒扫户百余家；又赐给衍圣公田两千顷。洪武十年（1377年），下诏重修孔庙，并敕建衍圣公府。孔庙修缮由兖州州判袁良主持，历时3月而成。由于工期较短，庙制不可能大改，唯在原大中门前百余米处又增修一座南门（即今弘道门），并将南部围墙扩展至此一线。之所以如此，很可能是考虑到原孔庙围墙四隅已建角楼，制如王宫，似不可直临于外。另外，依古时礼制，王宫当行五门之制，即自南而北依次建皋门、库门、雉门、应门、路门。雉门内为外朝，应门内为治朝，路门内为后寝。孔庙之大中门当视同雉门，大成门当视同应门。在大成殿与后寝殿之间当设路门而未设，不过前后亦可视同两进院落。原大中门北之同文门左右两边已不再连以围墙，成为单体建筑，不视为庙门。如此，则连同此次新建的南门及奎文阁（下层为门）可凑成五门之数。但严格说来，并不完全合于礼制，其奎文阁位于大中门之北，似不可视同库门。至于南门外新建的石桥（今称璧水桥）及其桥下流水，似是仿于当时京都南京皇城外的五龙桥。而后，在洪武二十年及二十九年，明太祖又两次下诏修缮孔庙，均一如旧制。

明成祖即位后亦极度重视孔庙的营修。永乐十年（1412年），诏示工部令山东布政司征派民匠3000人到曲阜修庙，至永乐十五年完工，共修复殿阁廊庑等270余间，有御制碑记其事。经这次兴作，孔庙南围墙又向前拓展百余米，新作南门（即今圣时门）。至此，大中门南庭院占地已达50余亩，孔庙南北之长已达600余米，真正显示出"宏远"之势。而以这次新作南门视同皋门、洪武年间所造南门视同库门、原大中门视同雉门，奎文阁已不再视为一道庙门，才真正实现了王宫五门之制。至于大中门以北，仍维持旧制，重加修饰。明宣宗宣德九年（1434年），工部侍郎周忱来曲阜拜谒孔庙，捐钱重建金丝堂，苏州知府况钟助成其事。当时金丝堂建在今孔庙内孔子故宅井西侧，前有诗礼堂，亦建于此时，二者基址均压于今天大成殿东庑之下。所谓金丝堂，取典于汉鲁恭王在这一带修造灵光殿，欲毁孔子旧宅，因闻金丝声乐而止。所谓诗礼堂，取典于《论语·季氏》，说孔子当年居宅庭中教子学诗学礼，言"不学诗，无以言。""不学礼，无以立。"元代衍圣公孔治于其私第作诗礼堂，"示不忘过庭之教"。明初移建于此。其二者所在均非孔子当年居宅原地，只是具有象征的意义。另外，天顺四年（1460年），孔子六十一世孙衍圣公孔弘绪曾对启圣寝殿加以修饰。

明宪宗成化年间（1465～1487年），孔庙又有较大的修整。明宪宗即位之初，即命山东巡抚重修孔庙。成化十九年（1483年），又应孔子六十一世孙衍圣公孔弘泰（孔弘绪之弟）之请，诏示增广庙制。至成化二十三年完工，共修葺殿堂门庑及庙外学舍等358间，大成殿由面阔7间改为面阔9间，石柱刻以龙凤，围墙和道路皆以砖砌铺，耗银10余万两。这次兴作，虽于庙庭布局无所改观，但将大成殿建制升为9间，已达古时庙制的最高等级，为以后弘治年间的孔庙全面改建奠定了基础。

明孝宗弘治十二年（1499年）六月十六日深夜子时，雷雨交加，建于孔庙围墙内东北隅的孔氏家庙因雷击起火，大火顺势蔓延，接连烧毁家庙、斋厅、东庑、寝殿、二世祖庙、三世祖庙、西庑、大成门、大成殿、启圣殿及毓圣侯庙等，致使大成门以北，除金丝堂及启圣寝殿等少数建筑物幸存外，几乎全部被毁。次年，山东巡抚徐源奉弘治皇帝诏示主持重修孔庙，具体工程由黄绣负责。至弘治十七年（1504年）竣工，历时4年，耗银15万余两。今大成殿四周廊下环立的28根雕龙石柱就是这次重修时徽州工匠刻成的。柱均为整石，高5.98米，径长0.81米，下承以重层宝装覆莲柱础。其中殿两山及后檐的18根八棱水磨浅雕石柱，以云龙为饰，每面浅刻9条团龙，每柱72条。前檐的10根为深浮雕，每柱两龙对翔，盘绕升腾，中刻宝珠，四绕云焰，柱脚缀以山石，衬以波涛。

10 根龙柱两两相对，各具变化，无一雷同，造型优美生动，雕刻玲珑剔透，刀法刚劲有力，龙姿栩栩如生，为世所罕见，堪称艺术瑰宝。大成殿面阔 9 间，重檐歇山顶，高 24.8 米，阔 45.78 米，进深 24.89 米，建于两层台基之上，前连露台。露台是祭祀时行乐舞礼的场所，高 2 米多，东西宽约 45 米，南北长约 35 米，镂花须弥石座，双层石栏杆，底层莲花栏柱下均雕有螭首，南面正中为两块浮雕龙陛。后寝殿外回廊的 22 根擎檐石柱浅刻以凤凰戏牡丹。南面奎文阁重建后高为 23.35 米，阔为 30.1 米，进深 17.62 米，采用层叠式构架，坚固异常。曾经多次地震摇撼，至今安然无恙，岿然屹立。工程结束后，黄绣绘制一幅详尽准确的庙制图，并请大学士李东阳作序于其上，记述工程始末及新庙庙制，刻成石碑，立于孔庙大中门内西侧。这就是著名的弘治图碑，至今犹存。细观图碑可以看出，这次兴作，总体规模上并无突破，四面围墙一如既往；较大的变化是孔庙内各单体建筑物的尺度增大，庙庭布局有所改观。因主体建筑大成殿已改为面阔 9 间建制，为求适应，将后寝殿改为 7 间，其他启圣殿、家庙、金丝堂、诗礼堂及大成门、大中门、二门（弘道门）、大门（圣时门）等均改为 5 间。大中门以南的奎文阁并未毁于火，但黄绣认为其原有的 5 间建制已与 9 间大殿不相称，遂推倒重新建为 7 间 3 层，由此增添突兀壮观之势。在庙庭布局方面，主要是将大成殿之东、西庑外扩至今址一线，原有建筑物相应外移或他移，如将金丝堂移建于西庑外启圣殿前，与东庑外的诗礼堂相对应；将斋厅移建于奎文阁南面东、西两侧等，从而形成左、中、右三路对应分明的格局，使大成殿及大成门、大中门一线在整个庙庭中的中轴线地位更加突出。另外，在同文门四周又增建洪武碑亭、永乐碑亭、成化碑亭及弘治碑亭，在二门外东、西围墙分别开快睹门、仰高门，在大门外东、西围墙分别建德侔天地坊、道冠古今坊，在大门之南添建照壁。如此布局，与这一时期北京的皇城及宫城（紫禁城）几乎完全同制。如大门外东、西二坊分别同于北京承天门（即天安门）外的长安左门、长安右门，大门同于承天门，二门外快睹门、仰高门分别同于皇城端门外的太庙街门、社稷街门，二门同于端门，大中门同于紫禁城午门，大中门以北围墙四隅建有角楼同于紫禁城及其角楼，大成门外毓粹门、观德门、居仁门、由义门分别同于太和门外东华门、西华门、协和门、熙和门，大成门同于太和门，大成殿同于太和殿，寝殿同于乾清宫，大成殿左、右的诗礼堂、金丝堂分别同于太和殿左、右的文华殿、武英殿等。至此，孔庙的发展已臻于极盛，完全合于礼制。

孔庙之东为衍圣公府，即孔府。据有关记载可知，洪武十年（1377年），衍圣公孔希学奉敕创建衍圣公府于宋元时期视事厅旧址，大致在今"孔子故宅门"以北花厅一带，西临孔庙东围墙，东与内宅并列。至弘治十六年（1503年）重建时，始东移于内宅前今址，形成前府后宅的格局。衍圣公府为衍圣公治事及举行各种礼仪活动的场所，属衙署性质，然又不等同于一般官衙。明中叶以前是按一品官宅第的等级建造，正厅5间、东西司房各10余间、后厅5间、二门3间、仪门3间。仪门即正门，其以东有阙里门（万历二十四年即1596年刻《兖州府志》卷二十四载："庙左为衍圣公第，又左为阙里门。"今孔庙东围墙外街道南端所立阙里坊，当为此后移建）。而后又陆续加以扩建或改建，形成今所见到的大门、二门、重光门（又称仪门，很可能为原正门）、东西6厅、大堂、二堂、三堂等前后相连的景观。后宅部分则建有前上房、前堂楼、后堂楼及花园等。同时，在大堂以东增建兰堂、念典堂、九如堂、宸翰阁、稚柏书屋、一贯堂、报本堂、沐恩堂等，称东学；在大堂以西增建红萼轩、忠恕堂、安怀堂及花厅等，称西学，用以读书待客、祭祀先祖及居非宗子等。由此而又形成纵向的左、中、右三路布局，使衍圣公府及后宅宗子所居在整个建筑群的居中地位得以体现。清代极盛时期，整座孔府占地240亩，共建厅、堂、楼、房等460余间。另外，在曲阜城内还有非宗子族所建府第，如大府、二府、八府、十二府等，显示出孔氏家族的兴旺。

孔庙之东、衍圣公府之南为庙学，亦称孔氏家学。元代增入颜氏、孟氏子弟。明洪武初年改称三氏学，设教授1员、学录1员。至万历年间又增入曾氏子弟，改称四氏学。入学者多时达百余人，可参加山东省乡试。元末庙学从孔庙外围墙分出，明初在原址重建，至万历年间又稍东移加以改建。其制有学无庙，中为明伦堂，后为尊经阁，阁后为公子学舍，左教授宅，

43

右学录宅，前为号房。仪门之东为文昌祠，南为泮宫、射圃。此外，明正德年间，又有曲阜县学移建于孔庙之东，至嘉靖年间再迁于孔庙之西矍相圃故址。其制亦是有学无庙，不同于其他府、州、县学。原因是临于孔庙，师生可径去孔庙参拜。

这一时期前后，孔林的建制也趋于完备。孔子冢前原只以瓴甓为坛，东汉时改易为石坛，增建神门及斋厅等。宋代又造石仪（石表、石兽、石人）立于墓道。元末始筑林垣、建重门（大林门、二林门）。明永乐年间增拓林垣，周长达 5 公里，又建铺舍以居巡卫者。正统八年（1443 年），增树文宣王及泗水侯、沂国公墓碑。弘治七年（1494 年），重修宋真宗驻跸亭、林垣及门楼，建享殿、洙水桥，植桧柏树数百株，奠定了孔林内部的主要布局。而后，嘉靖年间又建洙水桥石坊及子贡庐墓堂、文津桥等，万历年间于通往孔林的神道上建"万古长春"石坊。清康熙年间再扩林垣，周长约 7.5 公里余。康熙皇帝及乾隆皇帝来孔子墓前拜祭后，又增建驻跸亭两座。如今，孔林内古木森森，流水潺潺，殿亭错落，坟冢累累，碑石如林，石仪成群，除孔子墓冢外，还有历代衍圣公以及凡可入孔氏宗谱的后裔子孙的墓葬群。其生前官居高位者墓地建造规模宏大、墓碑考究，但却不能喧宾夺主。来到这里，使人感到亲切，油然而生敬意的，永远只是伟大的孔子长眠之地那一抔黄土！孔子墓冢南与孔庙遥相对应，二者相距 2000 余米，应该是一种有机的构成。不知是何缘故，古时通往孔林的神道竟没有选择在这一条直线上。近来闻知曲阜之地将建造孔子巨像，不妨选址在这一连线的中点处，再环绕孔子巨像开辟孔子广场，将此一连线铺成石路（由于动土极浅，绝不会破坏其他地下文物）。如此，来曲阜之地，可远观孔子巨像，由孔庙而至孔子巨像前，再至孔子墓冢前。

 5 环庙筑城

曲阜孔庙的进一步发展是环绕孔庙而修筑城垣。引发此举的直接原因是，明正德六年（1512 年），山东刘六、刘七起事，曾一度攻入曲阜县城及阙里孔庙，使其受到破坏。次年，按察司分巡东兖道金事潘珍奏请："将曲阜县治移徙庙傍，量筑城池，以备防守。"得以诏许后，遂于同年开始在今址重修曲阜城。此时孔庙及孔府已经扩建，差不多达到今日所见到的规模。新筑县城即以其为中心来进行规划营建。历时 10 年，至嘉靖元年（1522 年）竣工，城周"八里三十六步"，初开四门，即东垣秉礼门、南垣崇信门、西垣宗鲁门、北垣延恩门。费宏在《城阙里记》中描写道："视其外则高墉深沟，与泰山、洙泗映带而萦回；视其内则庙貌、公府优然中居，而县治、儒校、行台、分司，以及市廛、门巷罫（方格状）布环列，雅足以增宫墙之重。前此千百年之缺典，乃今始克举之；后此千百年而有外侮焉，于是乎庶几无患矣。"在此期间，孔庙亦曾加以修缮，并造铜钟置于钟楼；又在孔府之东修建鼓楼，置鼓其上。时至今日，其城垣已残。从遗留下

来的东北城角、西北城角及城门等可知，城墙高 10.80
米，上宽 11.70 米，下宽 13.60 米，内为夯土，外砌明
砖。城门上建有城楼，外有瓮城，瓮城外有单孔石拱
桥横跨护城河。护城河今犹存，周长约 5240 米，河宽
8～12 米，深约 4 米。城内除有一些新的建筑物不够协
调外，大部分地区仍维持旧时格局。目睹遗迹，犹可
使人想见当年庙城一体的风貌。

曲阜之地原是因筑城而引出立庙的。当年周公卜
择此地营建鲁城，引出鲁地礼乐文明的兴盛。而后有
殷人后裔孔子先祖奔鲁及颜母携孔子来居鲁城，经孔
子而使礼乐文明得以承传和发扬光大。为褒其功德，
后世因其旧宅而立庙。在历史发展的曲折过程中，城
几经迁移而庙独存，最后终于发展成为因立庙而筑城。
这虽然是偶发的事件所引起的，但却是一种历史的必
然回归。后世的人们能够目睹到历史长卷的这一页应
当感到幸运。

新的曲阜城修筑以后，孔庙又时有改建或重修。
首先是将围墙南端的照壁改建为棂星门，参谒者可由
南而经此门直接进入孔庙。棂星门前建石拱桥，下引
流水。两侧立下马碑，上刻"官员人等至此下马"。嘉
靖十七年（1538 年），巡抚胡缵宗在石拱桥南建造
"金声玉振"石坊，取典于《孟子·万章下》："孔子
之谓集大成。集大成者，金声而玉振之也。金声也者，
始条理也；玉振之也，终条理也。"古时奏乐，以击钟
（金声）开始，以击磬（玉振）告终，故以金声玉振
来代表奏乐的全过程，进而比喻孔子学说是集中以往

全部历史的一切思想精华而成。他还题写"万仞宫墙"石额镶于金声玉振坊对面的城墙上。这是取典于《论语·子张》。孔子去世后，弟子子贡学业精进，时人说他已超过了孔子。子贡听到后颇不以为然，说："譬之宫墙，赐（子贡）之墙也，及肩，窥见室家之好；夫子之墙数仞，不得其门而入，不见宗庙之美、百官之富。得其门者，或寡矣。"意思是说，如果以宫墙来做比喻，我的一点学识就像是一座小的宫室，围以齐肩的矮墙，站在墙外可一览无余；而夫子的思想博大精深，则像是由宗庙和百官所居组成的宫殿群，外围以数十尺高的墙垣，不入门内，是无法想见其金碧辉煌的气势的。能够真正认识到夫子思想价值的人是太少了。古时以七尺或八尺为一仞。在胡缵宗看来，以数仞宫墙来比喻孔子思想仍很不够，于是就化改为"万仞宫墙"。从此，曲阜城垣除了"卫庙"而外，又多了这样一层象征的含义。清乾隆皇帝来曲阜，见到"万仞宫墙"题额，深为赞许，又重写此4字镶于城墙之上。后在嘉靖二十三年（1544年），巡抚曾铣于棂星门之北建造"太和元气"石坊。隆庆三年（1569年），巡抚都御史姜廷颐等重修孔庙。殷士儋撰碑文记述说：诸殿寝、门庑、堂阁、斋亭，灿然改观。其杏坛旧制，则撤而更新，增置石楹重檐。棂星门外，稍拓其地，纡回其道，以远衢市。盖庙之制，壮丽博敞，称完美矣。由此而延展到南城墙根。至迟不晚于万历二十二年（1594年），在孔庙正南方，已开通仰圣门。曲阜城门增为5座。古时朝宫五门之制，亦有将外城门包括在内的解说，如明清北京城，又有以正阳门为皋门，连同大明门（大清门）、承天门（天安门）、端门、午门等为五门之说。曲阜仰圣门开辟以后，可比于北京正阳门。另外，孔庙棂星门可比于大明门，大门（圣时门）可比于承天门，二门（弘道门）可比于端门，大中门可比于午门。无论依照哪一种解说，做怎样的比附，这一时期的曲阜孔庙都完全与北京城皇宫同制。而后，又陆续在仰圣门外铺设大道，建置道亭，植种翠柏，创造出一种层层深入圣城的氛围。远来的朝圣者行于曲阜古道，当他们经过道亭，望见高墙，肃穆崇敬之情便会油然而生，步步加深，最后穿过仰圣门，进入孔庙，这种感情也就随之而升腾到了极点，拜谒圣容时，会感觉到自己的整个身心都属于伟大的孔子。孔庙的设计者以尽可能展开的空间，创造出不同的层次，引人缓缓地进入境界（它不会像那种爆发式产生的情绪很快就消失掉）。真可谓独具匠心，堪称绝笔。

这一时期，孔庙内的格局基本上是保持旧观，略加改作。明万历二十年（1592 年），巡按御史何光于寝殿后建造圣迹殿，殿内立石刻圣迹图 120 幅，起自颜母祷于尼山而生孔子，终至孔子去世后子弟庐墓，后附汉高祖、宋真宗以太牢祀孔子图。清雍正元年（1723 年），雍正皇帝封孔子五世祖以下依次为肇圣王、裕圣王、诒圣王、昌圣王、启圣王，于原家庙处改建崇圣祠以祀之，后移建家庙于原神厨处，另在后院建神厨、神庖。次年，孔庙又遭雷击，大成门以北主要建筑物几乎全部被毁。灾情报到北京，雍正皇帝引过自责，遣官到曲阜慰祭，诏示重修孔庙，派署工部侍郎会同山东巡抚陈世倌（后又改岳浚）等主持监修，谕旨：凡殿庑制度规模，以至祭器仪物，都要绘图呈览，亲为指授。又谕：孔庙正殿、正门用黄琉璃瓦，两庑用绿琉璃瓦而以黄瓦镶砌屋脊。圣像由内务府匠人到曲阜用脱胎法制造。至雍正八年（1730 年）竣工，钦定大门名为圣时门，取典于《孟子·万章下》："孔子，圣之时者也。"意思是说，孔子是适应时代的需要出现的圣人，继往而开来。二门名为弘道门，取典于《论语·卫灵公》："人能弘道。"孔子的意思是说有德之人可以使道（真理）发扬光大。用此命名，正可表明孔子弘扬至道的功绩。雍正皇帝又亲书"大成殿"等匾额。至此，孔庙大成殿屋顶由明代用绿瓦铺设改为黄瓦，在色彩上又提高了一个等级。

这一时期前后，又将原在大成门与杏坛之间的宋真宗御赞石碑他移，将大成门外两侧的居仁门、由义门拆除，陆续建有 9 座碑亭，置放清代皇帝御制碑，使孔庙内碑亭增为 13 座。诗礼堂之后的"孔子故宅井"四周石栏、井西碑亭、井东"鲁壁"及孔庙与孔府之间的"孔子故宅门"等亦建造于清代。至清末光绪年间，于东围墙外修阙里坊。另外，自康熙皇帝御书"万世师表"横额后，历朝皇帝均加以仿效：雍正皇帝御书"生民未有"，乾隆皇帝御书"与天地参"、"时中立极"、"化成悠久"，嘉庆皇帝御书"圣集大成"，道光皇帝御书"圣协时中"，咸丰皇帝御书"德齐帱载"，同治皇帝御书"圣神天纵"，光绪皇帝御书

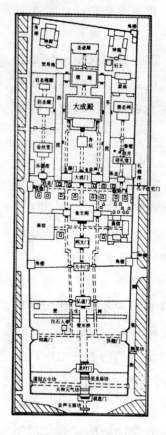

图3 曲阜孔庙图

（据《曲阜观览》）

"斯文在兹"，其悬挂于大成殿内，成为一新的景观。光绪三十二年（1906年），光绪皇帝下诏，升孔子祀典为大祀。按照礼制，除屋顶为黄瓦外，还应将正殿由重檐歇山顶改为重檐庑殿顶等。然财力不支，无法改作。孔子七十六世孙衍圣公孔令贻奏称："查曲阜文庙自同治间经本省奏拨款项重修落成以后，数次岁修，工程均尚完好，若必改拓规制，诚恐物力维艰，良材难得，工程保固反不如前，不若择要添换，以符体制。"随后，仅翻修部分屋宇，将杏坛、奎文阁、观德门、毓粹门、圣时门等屋顶换为黄瓦。民国年间，又重修寝殿及同文门等，换为黄瓦，成为今所见到的规制。（见图3）

明代中期，嘉靖皇帝以君臣有别，不能僭超为由，贬孔子封号为至圣先师，并下令将庙中塑像撤除，改换成木制牌位；各地孔庙增建启圣公祠，供奉孔子父叔梁纥，以颜子父颜路、曾子父曾皙、孔伋父孔鲤、孟子父孟孙氏配享。颜路、曾皙不再从祀于大成殿两

50

庑；增、罢一批从祀者。曲阜之地因系孔子故里，故在大成殿内仍保留孔子及四配、十哲塑像，只将两庑从祀者改为木主。后在清初，又升朱熹、有子于十哲之位，而成十二哲；从祀者也陆续恢复或增添，至清末民国年间达156人。大成殿内正中设孔子塑像，面南而坐；两侧为四配，东位而西向者为颜子、孔伋，西位而东向者为曾子、孟子；其后靠山墙列十二哲，东为闵损、冉雍、端木赐、仲由、卜商、有若，西为冉耕、宰予、冉求、言偃、颛孙师、朱熹。孔子及四配、十二哲塑像都安于木制神龛内。龛前设笾豆、案俎、香案及各种礼器、乐器。两庑从祀先贤79人，东庑供奉孔子同时人公孙侨、林放，孔子弟子原宪、南宫适、商瞿、漆雕开、司马耕、梁鳣、冉孺、伯虔、冉季、漆雕徒父、漆雕哆、公西赤、任不齐、公良孺、公肩定、鄡单、罕父黑、荣旂、左人郢、郑国、原亢、廉洁、叔仲会、公西舆如、邦巽、陈亢、琴张、步叔乘、秦非、颜哙、颜何、县亶、牧皮，孟子弟子乐正子、万章，宋儒周敦颐、程颢、邵雍；西庑供奉孔子同时人蘧瑗，孔子弟子澹台灭明、宓不齐、公冶长、公皙哀、高柴、樊须、商泽、巫马施、颜辛、曹恤、公孙龙、秦商、颜高、壤驷赤、石作蜀、公夏首、后处、奚容蒧、颜祖、句井疆、秦祖、县成、公祖句兹、燕伋、乐欬、狄黑、孔忠、公西蒧、颜之仆、施之常、申枨、左丘明、秦冉、颛孙师门人公明仪，孟子弟子公都子、公孙丑，宋儒张载、程颐。两庑从祀先儒77人，东庑供奉周儒公羊高，汉儒伏胜、毛亨、孔安国、毛苌、杜子春、郑康成、诸葛亮，隋儒王通，唐儒韩愈，宋儒胡瑗、韩琦、杨时、谢良佐、尹焞、胡安国、李侗、吕祖谦、袁燮、黄幹、辅广、何基、文天祥、王柏，元儒刘因、陈澔，明儒方孝孺、薛瑄、胡居仁、罗钦顺、吕柟、刘宗周、孙奇逢，清儒黄宗羲、张履祥、陆陇其、张伯行、汤斌、颜元；西庑供奉周儒縠梁赤，汉儒高堂生、董仲舒、刘德、后苍、许慎、赵岐，晋儒范宁，唐儒陆贽，宋儒范仲淹、欧阳修、司马光、游酢、吕大临、罗从彦、李纲、张栻、陆九渊、陈淳、真德秀、蔡沈、魏了翁，元儒赵复、金履祥、陆秀夫、许衡、吴澄、许谦，明儒曹端、陈献章、蔡清、王守仁、吕坤、黄道周，清儒王夫之、陆世仪、顾炎武、李塨等。

明清时期，曲阜孔庙祭祀活动繁多。主要有：四时释奠仪，每年4次，于每季仲月（二、五、八、十一月）上旬依照干支排列顺序逢丁之日举行，亦称丁祭，需献酒宰牲，仪式较为隆重；月朔释菜仪，每月朔日（初一）在大成殿、两庑、家庙、崇圣祠、启圣殿、寝殿举行，供物较少，只行一献（跪拜一次）礼，仪式较为简单；月望行香仪，每月望日（十五日）在大成殿、崇圣祠、启圣殿、家庙举行，上香于诸神位前；岁时常祭仪，为孔氏家祭，在家庙与崇圣祠举行，每年7次，即元旦、上元（正月十五）、端阳、仲秋、重阳、冬至、除夕，供物与释菜仪相同，行三献（跪拜3次）礼；告祭仪，凡衍圣公家中有事，则奉祝文告于家庙，仪式与岁时常祭仪相同；祭中兴祖仪，中兴祖即孔仁玉，五代乱世时，孔子四十二世孙孔光嗣被害，赖其独子孔仁玉恢复文宣公爵位，使孔子祀事得以继续，故孔族尊为中兴祖，五月二十九日孔仁玉诞辰，从家庙中迎出孔鲤、孔伋、孔仁玉神主至诗礼堂，行三献礼。此外，皇帝登极、庆贺寿辰、死后神主入庙、册立皇太子及凯旋奏功等亦要遣官来阙里孔庙致祭。总计，一年祭祀不下 40～50 次。（见图4）

在诸种祭祀活动中，以秋丁（后改为孔子诞辰，即八月二十七日）祭祀最为隆重。主祭者为衍圣公，参祭者有孔、颜、曾、孟四氏族人、衍圣公府属官、各地孔氏族人代表及其他陪祀人员，另有奉祀官 53 人、奉祀生 103 人、乐舞生 120 人，总人数达千人以上。祭前三日，写祝板（以木制作，高九寸、宽一尺二寸。将写祝文白纸贴于板上，祭毕，揭而焚之）安

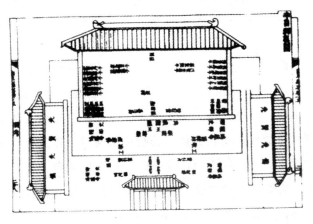

图4　曲阜孔庙大成殿释奠仪位置图

（乾隆《曲阜县志》）

于奎文阁楼下，衍圣公、参祭者及执事人等沐浴斋戒。祭前二日，衍圣公持斋于斋宿所，奉祀生洗涤礼器列于诗礼堂上，乐舞生拂拭乐器陈于金丝堂内。祭前一日，衍圣公率分献官身着公服至快睹门迎粢盛（稷稻之类）归于神厨，至仰高门迎牺牲（牛羊猪等）归于神庖；又于奎文阁下设孔子及四配、十二哲虚位（供演习礼仪而设的神位），在同文门设从祀先贤先儒虚位，在奎文阁后设孔子夫人虚位，由衍圣公率领众参祭者演习祀仪。演习结束后，衍圣公至神厨视察供膳，至神庖巡看祭牲，再将各种祭器祭品分送至各殿神位前。临祭之日，设钟鼓于杏坛。衍圣公及众参祭者先集于棂星门外，寅时祭仪开始，钟鼓齐鸣，衍圣公及众参祭者入庙门，行至大成殿前。先由掌宰官至瘗（意埋坑）所瘗毛血迎神，由奉祀官接神至殿内。衍圣公在露台上行三跪九叩礼，然后入殿，依次在孔子及四配神位前上香、奠币（即献上白色礼帛，古时以币帛为上礼）、献爵（即敬酒）。读祝文毕，行初献、亚献、终献三献礼，再行饮酒受胙礼（由奉祀官代表神向衍圣公赐饮福酒、赐食福胙即割祭牲之肉），最后送神出殿，并将供馔送至瘗所瘗埋，将献币与祝文焚于燎（意焚烧）所。在衍圣公行献的同时，各分献官分别至十二哲神位前及两庑、崇圣祠、启圣殿、家庙行献，略如大成殿之仪。其余众人都在殿外行礼。祭仪完毕，天已拂晓。次日，依式在寝殿祭孔子夫人神位。前后凡 5 日，释奠礼完成。因曲阜县学不另设孔庙，每年春秋二祭，衍圣公等行释奠礼后，县官及儒学属员亦在阙里孔庙致祭。

举行丁祭需演奏乐舞。祭孔乐舞承传于古。隋代始有专用祭孔乐章《诚夏》，唐代祭孔音乐改名为《和》，渐趋完备，明清时进一步规范化。清康熙六年（1667年）作《中和韶乐》，依释奠程序，定为6个乐章，即迎神奏《昭平之章》，初献奏《宣平之章》，亚献奏《秩平之章》，终献奏《叙平之章》，撤馔奏《懿平之章》，送神奏《德平之章》。其中《宣平》、《秩平》、《叙平》3章有歌亦有舞，其余3章只歌无舞。祭孔音乐使用金（铜）、石、丝、竹、革（皮）、木、匏（笙竽一类乐器）、土（陶）8类乐器，有镈（大钟）钟、特磬（以玉石制作，形如矩尺）、编钟、编磬、古琴古瑟、笙、排箫、笛、篪（以竹制作的管状乐器）、埙（陶制，形如秤锤，用于吹奏）、敔（如伏虎状乐器）、柷（打击乐器）及各类鼓等，按轩悬乐制，排列在大成殿露台的东、西、南三面。金石类乐器地位特殊，镈钟用于每句之首，特磬用于每句之终。编钟用于每字之首，编磬用于每字之尾。具有起音收韵的作用。祭孔歌词多为四言排句，每章8句。内容是歌颂孔子功业，表达对孔子追思尊崇及赞扬孔门贤哲的业绩。歌谱一字一音，显得特别平正直廉。歌唱的突出特点是"永长"，唱者深吸一口气还唱不完一个字，需用人合唱。为使尾音浑厚庄重，往往一人唱三人和。

祭孔大典开始前，击鼓楼晋鼓360响，以示警戒。引导乐生唱"引导乐歌"（迎神歌），从大成门步入大成殿前。乐舞生在钟鼓齐鸣的庄严气氛中升阶就位。每一仪程开始，均由"鸣赞"用高亢嘹亮之声宣告仪程及所奏乐章之名。在其拖腔即将落音时，麾（旌旗）生便高举"升龙"之幡，令乐生准备奏乐（行三献礼时，节生则徐升旌节，令舞生就位起舞）。司枧生击枧3声，鼓师击楹鼓3响，继之播鞉（有柄小鼓）鼓3通，钟师即举槌击镈钟1响，此为"金声"之始，顿时众乐齐发。舞生一字一改舞姿，娴熟典雅，古朴庄重。"引赞"和众相礼生侍奉正献官及各官依仪行三献礼，时而一跪三叩头，时而三跪九叩头。每一曲终，磬师击特磬以收宫，此为"玉振"之声。最后，司敔生举籈（击敔的木板）先击虎首3响，又栎（意搏击）虎背3声，以除去众声。麾生举"降龙"之幡，表示一个乐章完成。节生偃（意停止）节，舞生列队。

舞生选用男性俊秀儒童，在做预备姿势时，左手执籥（竹制乐器，亦可执作舞具）在内横于胸前，右手秉羽在外竖于正中，籥羽合成十字，表示籥系吹器以立声，羽系饰物以立容。祭孔舞蹈由"立之容"、"舞之容"、"首之容"、"身之容"、"手之容"、"步之容"、"足之容"、"腰之容"（或"礼之容"）8大类舞容组成，共有39种舞节，兼有执、举、衡、落、拱、呈、合、并、垂、交等11种舞具之势，与各类舞节相应点饰而形成适应3个乐章的96字所需的舞容。祭孔舞姿及队形变动寓意深刻，赋以象征性，力求体现儒家思想。舞生每舞一成之毕，即复原位，待节生指挥再一成的表演。如此舞罢三成之后，即退位，仍以开舞前的队形排列在南面。待祀典完毕，随众乐生退降阶下，放下手中的籥羽。祀典将毕时，击钟楼镛（大钟）钟180响，以宣告礼乐结束。

值得一书的是，清康熙、乾隆皇帝曾亲临阙里孔庙致祭。康熙二十三年（1684年），康熙皇帝东巡，来到曲阜。为表示对孔子敬重之意，决定亲祭孔庙。依清初所定礼制，致祭时需行二跪六拜礼，康熙皇帝以为不足以表达崇仰之情，遂改迎神、送神俱三跪九拜，又亲制祝文。祭日，康熙皇帝身着龙袍，乘辇自南门而入，至奎文阁前下车，进斋所小憩，然后由衍圣公孔毓圻及随从文武百官陪同入大成门，登阶入殿释奠。祭毕，至诗礼堂讲书，又巡视庙庭、车服、礼器。随后，更换常服，驾至孔林，于孔子冢前跪奠，三献爵、三拜。离开曲阜时，留下曲柄黄盖伞，陈列于庙庭。乾隆十三年（1748年），乾隆皇帝亦来此亲祭。驾至阙里，先由衍圣公孔昭焕等陪同，入大成殿中上香，行三跪九叩礼，然后周览庙中古迹。次日，依康熙皇帝祭仪行释奠礼，读祝文。祭毕，亦至诗礼堂讲书。又驾至孔林，至孔子冢前酹（意以酒洒地）酒致祭，行一跪三叩礼。此后，乾隆皇帝又接连7次来阙里孔庙亲祭，为历代皇帝来曲阜次数最多者。为表示崇儒重道，乾隆三十六年（1771年），还将皇宫所藏商木工鼎、商亚尊、商册卣、周牺尊、周伯彝、周蟠夔敦、周宝簋、周夔凤豆、周饕餮甗、周四足鬲10件铜器赐予衍圣公，以用为祭器，称商周10供。自汉高祖至清乾隆皇帝，先后有12个皇帝来此亲祭孔子冢及孔庙。嘉庆以后，不再有皇帝来曲阜亲祭。

明清时期，尼山孔庙及洙泗书院保持完好，几经修缮或改建。尼山孔庙中为大成殿，面阔5间；西为启圣殿及毓圣侯祠，分别奉祀孔子父母和尼山山神；东为讲堂和土地庙，庙外有尼山书院。尼山有坤灵洞，洞中有孔子塑像。山上建有观川亭，可远眺五川汇流，取典于《论语·子罕》："子在川上曰：逝者如斯夫，不舍昼夜。"洙泗书院中为两进院落，正殿5间，奉祀孔子及四配塑像；东、西庑各3间，奉祀72弟子木主。东、西院建有讲堂及各种附属建筑。曲阜城东防山孔子父母合葬之地，自金代衍圣公孔元措创立墓碣、石仪，铺修神道以后，又陆续建造享殿、围墙，植种树木，形成墓林，称梁公林（金代追封孔子父叔梁纥为齐国公）。此外，在曲阜城外东北部有元圣周公庙（重建于宋代）、在曲阜城内北部有复圣颜子庙（始建于元代）、在嘉祥县南武山有宗圣曾子庙（始建于明以前）、在邹县城南有亚圣孟子庙（始建于宋代）等。曲阜及其毗邻地区诸庙林立，与阙里孔庙交相辉映，展示出一幅儒学兴盛发达的气象。儒学可溯源于周公，创立于孔子，再由其弟子及再传弟子传布。曲阜作为儒学的发祥地，除有阙里孔庙外，由此诸庙而形成的群体亦是一种有机的构成。相比于其他地区的孔庙文化，因其独有而更具特色。

时至今日，曲阜阙里孔庙及其他诸庙均保持旧有格局，修缮一新，成为人们缅怀访古、旅游观光的胜地。1984年孔子诞辰日，曲阜首次举办纪念孔子诞辰2535周年故里游活动。参加这次活动的有来自全国各地有关部门的代表、新闻界代表、文化艺术界代表、港澳同胞代表，以及来自美国、英国、捷克斯洛伐克、法国、日本、瑞典、瑞士等国外宾客共1万余人。正在曲阜参加孔子学术讨论会的专家、学者也参加了这次活动。在此期间，在孔庙大成殿前举行了孔子塑像复原揭幕仪式，众多中外来宾瞻仰了新塑孔子像，观看仿古乐舞表演；并参观孔庙、孔府，乘坐仿古马车游览了孔林。尔后，"孔子诞辰故里游"活动规模越来越大。从1989年起，改称"孔子文化节"。首届孔子文化节于1989年9月26日上午在孔庙大成殿前隆重开幕，历时15天。节日期间，举办了孔子生平事迹展览、孔府珍贵文物展览、孔林——世界上延时最久的家族墓地展览、孔子文化大全书展、孔子蜡像及历代衍圣公肖像展览等。在大成殿前表演了气势宏大、场面壮观的仿古祭孔乐舞及大型民族器乐合奏曲《洙泗曲》等。中国孔子基金会和联合国教科文组织联合举办了"纪念孔子诞辰2540周年国际儒学讨论会"。此后，相沿成习，年年举办，对于弘扬孔子思想及传统文化起到了很大的促进作用。

三　京城孔庙

　　孔庙立于京城，标志着孔子已被尊为天下宗师。其始于东汉初年，大体上经历了太学立庙、释奠成礼、以大成殿为专名、庙学分立、改易木主、改以黄瓦庑殿式屋顶等几个阶段。京城屡迁，而立庙相沿不断，至今已两千余载。

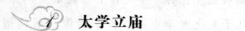 **太学立庙**

　　中国古时学宫有释奠先圣先师之习。释奠即以酒牲祭祀，仪式较为隆重。另外又有以萍藻为祭品，称释菜，有些像今人以一束松枝或鲜花摆放在死者灵位前，虽礼仪较轻，但一样可以表示真情。先圣是有功德于世者，先师是传道授业者，其具体所指在周代以前并不固定。相传有虞氏之世学宫称庠，以虞舜为先圣；夏代学宫称序，以禹为先圣；商代学宫称学（或称瞽宗），以成汤为先圣；周代学宫称胶（或称成均），以周文王为先圣。而先师则多局限于一方一地。此外，周武王在周都镐京（今陕西长安县境）郊外还建有辟

雍，亦为学宫，形制是土丘居中，丘上筑宫，四周环水如璧。主要是用为大射行礼。古时 8 岁入小学，15 岁入大学。春天入学即要释菜于先圣先师。另外要四时释奠，即仲春二月、仲夏五月、仲秋八月、仲冬十一月之上丁日以酒牲祭祀。学宫除讲学习礼外，君王率师出征前要来此谋定策略，称受成；凯旋班师后要释奠于先圣先师，称告克。《周礼·春官》言："大司乐掌成均之法，以治建国之学政，而合国之子弟焉。凡有道者、有德者使教焉。死则以乐祖，祭于瞽宗。"郑玄解释说："祭于学宫中。"礼乐为古时学宫的一项重要的教学内容，由有道艺、品德优良者教习。其去世后即被尊为先师，受祭于学宫中。由此看来，这一时期学宫中很可能是将先圣先师的神位置于某处（或单设一室），以便释奠，似并未建有专事供奉的庙堂。

汉承古制。汉武帝（公元前 140 ~ 前 87 年）接受董仲舒的建议，于京城长安（今西安市西北）城南兴建太学，置五经博士，儒学得以独尊。后经发展，至汉昭帝时太学弟子员满百人，汉元帝时增至千人，汉成帝（前 32 ~ 前 7 年）时又以孔子教授弟子三千相比拟，增为 3000 人。然似终西汉之世，孔子并未得以专祀。受业弟子各有师承，仍是循于古制，以直接传授者为先师，如讲《礼经》者高堂生、讲《乐经》者制氏、讲《诗经》者毛公、讲《书经》者伏生等。不过，孔子的地位则与日俱增，以汉平帝元始元年（公元 1 年）追谥孔子为褒成宣尼公为标志，达到了前所未有的高度，从而为东汉时期在太学立庙祭祀孔子奠定了基础。

汉光武帝中兴（公元 25 年），建都于洛阳。其城址在今洛阳、偃师交界地带，古洛水之北。而后，曹魏、西晋时期又相继以此为都。永嘉之乱后，一度衰落。北魏时期，魏孝文帝再迁都于此。在此期间，洛阳城几经修复和扩建，规模宏大，南北长 9 华里，东西宽 6 华里，人称"九六城"。皇宫位于城内北部偏西，至今犹有部分城垣残存于地面之上。洛阳作为都城，不仅经济发达，而且文化教育兴盛。汉光武帝建武五年（公元 29 年），在洛阳城南垣东起第一门开阳门外、洛水之南营建太学，立五经博士。后又修造明堂、辟雍、灵台等礼仪性建筑。辟雍修成后，欲毁太学，经太尉赵熹力辩，使二者得以兼存。汉顺帝永建六年（131 年），将作大匠翟酺修缮太学，增造 240 房，1850 室，修成后立记碑于太学门外。此时太学生已达 3 万余人。后曹魏时期太学生减至千余人，西晋时期又陆续增至 3000 人、5000 人，最多时至万余人。据《洛阳记》等可知，太学西面筑围墙，各开一门，中央讲堂"长十丈、宽二丈"。为正定经书文字，汉灵帝熹平四年（175 年），由蔡邕隶书《论语》、《孝经》、《诗经》、《尚书》、《礼经》、《周易》、《春秋》等，刻石立于讲堂前东侧，后世称《熹平石经》（或称一体石经）。立碑之时，乘车前来观看和抄录者每日达千余人，车辆填塞街道。曹魏正始二年（241 年），又在讲堂前西侧立邯郸淳以古、篆、隶三体字书写的石经 48 枚，后世称《正始石经》（或称三体石经）。其旁立魏

文帝曹丕《典论》6 碑。晋时有陆机撰《太学赞》碑
立于讲堂前西侧，还有《太学弟子赞》碑立于外门，
晋辟雍行礼碑立于汉石经北。今在偃师县西太学村附
近已发现太学遗址。其一位于开阳门外大道东，遗址
面积约 28900 平方米，四面有围墙残迹，各开一门，
中心为边长 45 米的方形夯土殿基，殿基北有一条南北
向大道。1930 年在殿基之南出土有晋辟雍行礼碑。这
一带经常有石经残块出土。其东北部另有一处用围墙
圈起的遗址，南北长 220 米，东西宽 150 米，围墙内
分布有一座座长数十米的房屋基址，或东西向，或南
北向，相互等距，排列有序。开阳门外大道以西发现
一处直径 60 余米的圆形夯筑殿基，四面围墙各长近
400 米。圆形夯筑殿基之西又发现一处约 50 米×50 米
的方形夯筑台基，四面围墙各长约 220 米。与有关记
载相比照，其开阳门外大道东遗址似当为初期营建太
学所在，中心方形台基上原当建有讲堂；其东北部遗
址当为翟酺所拓建，房屋基址为太学生居舍所在；开
阳门外大道西圆形台基上原当建有辟雍，其以西方形
台基则有可能为明堂遗迹。

《后汉书·礼仪志上》载："明帝永平二年三月，
上始帅群臣躬养三老、五更于辟雍，行大射之礼。郡、
县、道行乡饮酒于学校，皆祀圣师周公、孔子，牲以
犬。"汉明帝永平二年为公元 59 年。三老、五更为年
老、位高而有德行者，三老于三公中选出，五更于卿
大夫中选出，养于太学，讲授礼乐。行养老礼时，皇
帝乘舆来到辟雍礼殿，用车将三老、五更从太学中接

来，迎至辟雍礼殿，三老面向东坐，五更面向南坐，皇帝率三公九卿敬酒行礼。大射礼是古时君王祭射之礼，其的（靶）称侯，君王以箭射中，表示可以服诸侯。乡饮酒礼行于地方学校，为民间聚会，以表示尊老敬贤之意。此为关于祭祀孔子于辟雍、学校的最早记载。《三国志·崔林传》记鲁相言汉代"辟雍行礼，必祭先师。王家出谷，春秋祭祀"。据此又可知，除皇帝行辟雍礼时祭祀孔子外，每年春秋二祭当行于太学，祭祀费用由公家承担。孔子既已为太学师生所共祀，则自当立有专庙。依照古制，孔庙很可能是立于讲堂前西侧，孔子神位面向朝东。春秋释奠以犬为牲，另外还有释菜之仪等。其详情已无从知晓。然不管怎样，汉末3万太学生共祭的场面一定会是很壮观的。

汉明帝自永平二年行礼后，至永平八年再临于辟雍。此后，汉和帝在永元十四年（102年），汉顺帝在阳嘉元年（132年）、二年，汉灵帝在熹平六年（177年）皆临于辟雍行礼。据乙瑛碑记："辟雍礼未行，祠先圣师。侍祀者孔子子孙，太宰、太祝令各一人，皆备爵，太常丞监祠，河南尹给牛、羊、豕、鸡各一，大司农给米。"可见皇帝行辟雍礼时是以太牢致祭，较太学春秋释奠的规格为高。而从参祀者需自备杯爵来看，很可能在辟雍内并未立孔庙，只是设神位于某一方。汉灵帝崇儒好学，为引招能文善赋之士，又在宫城鸿都门下开设鸿都门学，学宫内绘画孔子及72弟子像，当亦用为行释奠之礼，是否专辟有庙室不得而知。此仅为一时之制，未能持久，但却由此而开启孔子与群弟子共祀于一堂的先河。

曹魏齐王正始七年（246年），诏令太常释奠，以太牢祀孔子于辟雍，以颜渊配享。此次皇帝不亲临，由职司礼仪祭祀诸事的太常卿代为释奠，而仍行礼于辟雍。这是对旧制有所循而又加以改变，预示着皇帝行辟雍礼与释奠礼可以分别举行。晋武帝太始三年（267年）下诏太学及鲁国，四时备三牲以祀孔子。由此改为专于太学孔庙行释奠礼。晋辟雍行礼碑记述皇帝数次亲临辟雍的场景，而均未涉及释奠孔子。太始七年，皇太子来太学讲经，以太牢释奠于太学孔庙。后渐成定制，至晋惠帝元康三年（293年），犹有皇太子来太学讲经释奠。此外，晋时又开设国子学，以教授官品高贵者子弟，其学内当亦设孔庙。

北魏初建都于平城（今山西大同），设太学于城外；置国子学于城内，又称中书学。中书学内设孔庙及宣文堂。史书中有魏孝文帝亲临宣文堂拜谒孔庙的记载。后孝文帝迁都于洛阳，重建太学（不在汉晋太学旧址）及国子学，孔庙释奠当一如旧制。又在都城四面城门之外设学，招收官品较低者及平民子弟，称四门学。后东魏、北齐相继建都于邺（今河北临漳），西魏、北周相继建都于长安，皆置国子学及太学。北齐时皇帝讲学，皇太子每学通一部儒家经典，都要以太牢释奠孔庙，用六佾（音 yì）舞（由36人起舞，排成6列，每列6人，属诸侯一级享用），列轩悬乐（庙内三面悬置乐器，属诸侯一级享用，规格低于王者所享用的四面悬置乐器的宫悬乐）。每年春秋二仲丁祭及每月朔日（初一），由国子祭酒主持，跪拜孔子，立揖颜渊。北周时改为诸生入学不必祭祀孔庙，待学成后方行释奠礼，其他丁祭等活动照常参加。

东晋及宋、齐、梁、陈诸朝相继建都于建康（今江苏南京）。建康城相沿于东吴建业城，在今南京玄武湖与秦淮河之间，周长十余公里。东吴时即立太学及孔庙，东晋初沿用。晋元帝大兴二年（319 年），有皇太子于太学讲经、行释奠礼。晋明帝时又诏示恢复四时祭祀孔子之制。晋成帝咸康三年（337 年），以诸儒之请，重建太学于秦淮河之南今东水关一带。晋成帝曾一度亲临辟雍讲经释奠。后晋穆帝以太学距城远，遂权立太学于中堂（宫内），亲临讲经释奠，用六佾舞，列轩悬乐。晋孝武帝太元十年（385 年），再移建太学于秦淮水北太庙南今大中桥东一带，其西建有夫子堂（孔庙），另有皇太子堂、祭酒省、博士省及诸生学堂、学舍等。刘宋时相沿。另在城北郊钟山之麓设儒学，时人呼为北学，与玄学、史学、文学合称四学。梁武帝（502～548 年）时，又在孔庙内增祀曾点、曾参、子路等。

自汉明帝永平年间诏示立庙祭孔，至梁、陈时期，前后五百余年，历经朝代更换、国家分裂、佛教兴盛，然京城立庙相沿不废，表明孔子及儒学在人们心目中的至高无尚的地位正日益巩固。晋太始年间以前的，两百余年，京城之地孔庙初创，分为皇帝率众官行释奠礼于辟雍，太学师生行释奠礼于太学孔庙两个系统；后三百余年，合二而一，于太学孔庙释奠成为定制，礼仪亦渐具规模，从而为隋唐时期京城孔庙礼制的进一步完备奠定了基础。

② 释奠成礼

隋统一后营建新都，称大兴城。唐时相沿而复改称长安。其城址大致与今西安市区重合。长安城周长84华里，规模宏伟，布局严整，城北中部为皇城，皇城以外由南北11条大街、东西14条大街纵横交错划分为114坊。居宅、市场、邸店、寺庙等均建于诸坊内，外围墙垣，或四面设门，或两面设门。孔庙及国子监即在务本坊内。

务本坊位于皇城南，为朱雀门街（长安城南北向中轴线所在）东第2街北起第1坊，西北临近皇城安上门（南垣东门，后为明清西安城南门），在旧西安城南门外东侧。经考古勘测可知，其坊址东西宽700余米，南北长500余米，面积35万余平方米。又从宋代吕大防石刻《长安城图》（按比例缩绘而成。其图碑今仅存残块，而恰有务本坊图）看出，务本坊是东、西两面设门，连以东西向通道。国子监居西，东部北为官员宅第、旅舍等，南为景云观（先天观）。二者之间隔有南北向通道，宛如两坊。国子监自成一独立系统，南北长约500米、东西宽约250米，占地约12.5万平方米，创建于隋而兴盛于唐。隋时从太常寺中分离出国子寺，唯只设国子一学，学生70人。唐初改称国子监，统领国子、太学、四门、律学、书学、算学六学。

国子学生 300 人，主要为三品官以上子弟；太学生 500 人，主要为五品官以上子弟；四门学生 1300 人，主要为七品官以上子弟及平民子弟中之优秀者；律学生 50 人，书学生、算学生各 30 人，主要为八品官以下及平民子弟中能胜任此职者；总计 2210 人。至唐太宗时，又增建学舍 1200 间，增生员 360 人。后高丽、百济、新罗、高昌、吐蕃诸国君主亦派遣子弟请入国学，最盛时国子监诸学生达 8000 余人。其讲堂位于坊内道北，讲堂后有堂舍。皇帝亲临视学，先至后堂舍少坐，再从北门进入讲堂，讲论经书毕，又回后堂舍少坐，然后返宫。讲堂前，在唐玄宗天宝四年（745 年）建石台，刻唐玄宗御注并手书《孝经》，后世称《石台孝经》。其雕刻精美，碑座四周蔓草卷曲起伏，雄狮迎风吼啸；碑额祥云缭绕，长龙盘旋腾飞，一派生机。至唐文宗开成二年（837 年）又立石刻《周易》、《尚书》、《毛诗》、《周礼》、《仪礼》、《礼记》、《春秋左氏传》、《公羊传》、《穀梁传》、《孝经》、《论语》、《尔雅》12 部儒家经典，总计 650252 字，共用石 114 块，后世称《开成石经》。此外，在天宝九年（750 年）增置广文馆于坊内西北隅，以聚文学之士。

孔庙在坊内道南，自成一庭院，外围以墙，除开南门外，又设东门。隋时沿袭旧制，庙内供奉先圣孔子、先师颜渊神位，每年四仲月（二、五、八、十一月）上丁日国子寺师生释奠。唐时孔庙几经改制。唐高祖时诏示立庙，仍为 3 间，以周公为先圣，于庙内居中，面向朝南；以孔子为先师，配享于西侧，面向朝东。唐太宗贞观二年（628 年），左仆射房玄龄、博士朱子奢建议：周公、孔子俱为圣人，但释奠于学校，则应以孔子为圣。请恢复隋大业年间以前旧制，以孔丘为先圣，颜回为先师。遂停止祀周公，仍以孔子为先圣，颜渊为先师。孔子于庙内居向不改，置颜渊于孔子塑像东北侧，面向朝南。贞观二十一年（647年），诏以左丘明、卜子夏、公羊高、穀梁赤、伏胜、高堂生、戴圣、毛苌、孔安国、刘向、郑众、贾逵、杜子春、马融、卢植、郑康成、服虔、何休、王肃、王弼、杜预、范宁 22 人配享，位次于颜渊之东。至唐高宗永徽年间（650～655 年），复以周公为先圣，孔子为先师，颜渊、左丘明以下为从祀。显庆二年（657年），又从太尉长孙无忌之请，恢复孔子为先圣，而另以周公配享于周武王。唐玄宗开元八年（720 年），从司业李元瓘之请，改颜渊、闵子骞、冉伯牛、冉仲弓、冉子有、仲子路、宰子我、端木子贡、言子游、卜子夏十哲为坐像；又以曾参大孝，德冠同列，特为塑像，坐于十哲之次；图画颛孙师以下 70 子及左丘明以下 22 贤于庙壁上。开元二十七年（739 年）下诏追封孔子为文宣王，追赠颜渊为兖公，闵子骞以下 9 人为侯，曾参以下 70 子为伯，改孔子塑像居于庙中，南向而坐，内露王者服饰；十哲等东、西列侍。释奠牲以太牢，乐以宫悬（庙庭四面悬置乐器），舞以六佾。后重修孔庙，改为面阔 5 间。经安史之乱，庙堂毁坏。唐代宗永泰二年（766 年），修复孔庙，八月庙成。丁祭之日，庙庭具宫悬之乐，宰相、常参官及六军将军等齐来行释奠礼，一时盛况空前。

唐代初年，唐高祖、唐太宗皆曾亲临国子监孔庙释奠。贞观二十年（646年），唐太宗诏示皇太子于国学行释奠礼。此后唯见有关皇太子释奠的记载。其释奠礼仪，初期尚不完备，春秋二祭，多是儒官自为主祭，祝文直称"博士某昭告于先圣"。中书侍郎等认为这与国学之名位不符，即为中祀，又用诸侯一级礼仪，则当效法古时天子视学之例，改由国子祭酒（主学之官）代为致祭，行三献之礼，国子祭酒为初献，祝辞称"皇帝谨遣"；司业为亚献；国子博士为终献。如遇皇太子来行释奠礼，则自为初献；国子祭酒为亚献；司业为终献。孔子被追封为文宣王后，春秋二祭，又改由三公摄事，视同大祀。至开元二十年（732年）修成《大唐开元礼》，诸礼仪大备。其中《皇太子释奠于孔宣父》对春秋致祭仪式加以详细规定。此时孔庙尚维持旧制，庙堂内孔子塑像仍为坐西朝东。行释奠礼前，皇太子及主要陪祭文武官员、国子祭酒等均需斋戒三日，其他参祭者如学官、学生等俱清斋一宿。于孔庙之东和国子监讲堂之后设皇太子临时居所，于庙庭东、西、北三方悬置钟鼓镈磬等乐器，于庙堂外东南方设初献、亚献、终献之位，于庙堂内诸供案上置放祭器等。行祭之日，天未明前15刻（古时以滴漏计时，分一昼夜为100刻，1刻约合今14分多）宰烹祭牲。未明前2刻，置放各种祭品于祭器内。皇太子率众官于未明前1刻到达。皇太子及献祭者穿祭服，其他陪祭官员等穿公服。皇太子乘车至庙东门外，回车南向至临时居所。由赞引官引领，国子祭酒及参祭者先入东门各就其位。围观者可由南门入内，在庙庭南部自成行列。未明前半刻，皇太子自庙东门入内，立于献位。日出，释奠礼开始，乐舞起，皇太子先手持祝版在庙庭献位向西立拜两回，然后自东阶进入庙堂，西向跪拜孔子神位两回，并献币；又北向跪拜颜渊神位两回，并献币。再由东阶下复归庙庭献位。待进上祭牲，皇太子复自东阶进入庙堂，献酒于孔子神位前，并跪拜；起立后，由太祝跪读祝文；读毕，皇太子再跪拜。又献酒于颜渊神位前，并跪拜；起立后，由太祝跪读祝文；读毕，皇太子再跪拜。拜毕，至庙堂东间，向左右参祭者分赐胙肉，后下东阶复归庙庭献位。而后，国子祭酒亚献、司业终献，唯入庙堂进酒、跪拜。三献礼毕，奉礼官喊："赐胙。"皇太子及参祭者皆再拜。后皇太子至瘗位埋币，释奠礼结束，出东门回临时居所。其他参祭者得到胙肉后亦离去。皇太子在庙东门外临时居所更换便服后，乘车至国子监讲堂后临时居所，再至讲堂讲经，讲毕还宫。如皇太子不来亲祭，改由国子祭酒等行初献礼，仍照此程序进行，唯无皇太子出宫、还宫迎送及讲经诸事宜。由此可见，释奠礼仪是十分隆重的，已趋于完备。开元二十七年（739 年），唐玄宗追封孔子为文宣王，庙中塑像改为居中南向，为求适应，礼仪亦略加调整，然基本程序循而不变，后长期相沿。

除国子监外，宫城内亦建有孔庙。其位于月华门西，东临皇帝日常听政所两仪殿，南临中书省，当为宫城内官吏四时致祭而设。宫城内门下省设弘文馆，学生 30 人；东宫设崇文馆，学生 20 人。专收皇亲、宰相及一品功臣等子弟入学。其师生或有可能亦来此致祭。

隋唐时期以洛阳为东都，重建洛阳城于今址，城周长 52 里，宏伟壮丽无比。其城内布局与长安城相仿，皇宫偏于西北部，皇城之外由纵横 10 条大街划分为 103 坊。唐高宗龙朔二年（662 年）于东都置国子监，诸生员 500 余人。国子监位于洛阳城南垣内定鼎门街东第 2 街南起第 2 坊即正平坊，大致在今洛阳城南赵村一带。国子监内亦设孔庙，与长安城国子监孔庙诸礼仪同制。唐末，朱温胁迫唐昭宗迁都洛阳；后又取而代之，建立后梁；不久为李存勖所取代，建立后唐。后梁、后唐皆以洛阳为都。后梁开平三年（909年）重建文宣王庙，后唐长兴三年（932 年），又于庙内壁上所绘 72 贤画像前各置一豆一爵，致祭时盛以酒脯。后唐明宗还诏示国子监校订《九经》，刻印后颁发全国。

隋唐时期三百余年，京都孔庙的发展承于前而启于后。其历经隋时循于旧制；唐代两度改制，使孔子配祀周公，最终恢复单独立庙；孔子被追封为文宣王后，庙内塑像又改为居中朝南，庙堂增扩为 5 间，配享及从祀者亦初步确定，释奠礼仪大体完备，从而使孔庙建制及祭祀孔子的活动走上制度化。因缺少有关文字记载及实物图形资料，无法窥知这一时期京城孔庙的风貌。唐末都城东迁洛阳后，驻防长安的佑国军节度使韩建放弃原外郭城，改筑皇城为新城，国子监及孔庙所在务本坊亦被划在城外。为保护国子监所立石经，韩建先将《石台孝经》移于原皇城内尚书省之西南隅（今西安市社会路）；后刘䢴将《开成石经》迁至此地，使石经归为一处。宋建隆三年（962 年）在此地重建孔庙。《重修文宣王庙记》碑文载："取制度之规，以摸黉舍；量经营之费，遂出俸财。霞张梦奠之楹，粉耀藏书之壁，增华崇丽，炫目惊心。青璅丹梁，见廊庑轩墀之洁；藻扃黼帐，有豆笾皮棲之仪。莫不赋采挥毫，参灵运思。尧身禹状，□神凛凛以如生，月角山庭，画像莘莘而在列。介珪华衮，享王爵于高封；八篸三牲，遵国章于常祀。工徒告毕，庙貌斯严。"其扃指门户，墀指台阶，皮意为置放、收藏。大意是说，依照旧制修建学舍，按营造费用出钱。内建孔庙，壮丽辉煌，梁柱涂红，墙壁涂白，以青璅（玉石）为台阶，门户饰以花纹，围帐绘以图案，置有豆笾等祭器，孔子塑像如尧、禹身影，凛凛如生，手执玉圭，身着王者衣服，高高在上，享受王者一级的祭礼。众弟子画像分列两旁。这次重建保持了唐时旧制。由此可见，唐代中后期京城孔庙的规模虽不是很大，但在装饰方面已趋于华丽，正殿前方两侧建有廊庑，殿堂内孔子像身着王者冠服，两旁依次列配享及从祀者画像。在大唐盛世，巨大的长安城内宫殿高矗、寺塔林立，就建筑本身来说，孔庙实在是难以显示出夺目的光彩。然而，转眼间，城破人空、宫倾殿毁，能够得以依原貌岿然重立的则唯独孔庙。

大成之殿

宋代京城孔庙建制及释奠礼仪一遵唐制，而小有变化。同时，随着孔子和儒家思想影响的日益扩展，这一时期，北部地区先后兴起契丹人建立的辽国和女真人建立的金国，也各自在其京城建有孔庙。

宋代依其都城先后所在分为北宋、南宋两个时期。北宋时期，都城汴京在今河南开封市。唐代在这里修筑汴州城，周长约 10 公里，大致与明清时期的开封城重合。五代时，后梁曾一度以此为都，后晋、后汉、后周皆都于此。后周时又增筑外城，周长约 24 公里。北宋时相沿，后又扩筑外城南垣，使周长达约 25 公里。里城内中央偏北为宫城。宫城正门（宣德门）、里城正门（朱雀门，后为明清开封城南门）、外城正门（南熏门）之连线为御道（即今开封城区中山路）。在里城之南、御道之东有国子监，里城内、御道之西有太学，皆建孔庙。

国子监始建于后周显德二年（955 年），是以天福普利禅院改建而成（原有孔庙）的。宋初又增建学舍，修饰孔庙内孔子及十哲塑像，画 72 贤及先儒 21 人像于东、西廊中的板壁上。宋太祖曾三临孔庙拜谒，并御制《文宣王赞》，诏示于庙门立戟十六，用正一品官礼仪。后宋太宗亦三临孔庙，诏示绘三礼器物、制度图于国子监讲论堂木壁上。端拱元年（988 年）宋太宗来孔庙拜谒后，上车将出西门，望见讲堂内众人围坐，正在听学官李觉讲书，便命人将李觉召来，让他讲解《周易》中《泰卦》一节，听后很高兴，随即赏赐他帛布百匹。后来，宋真宗、宋仁宗也都在此听学官讲书并加以赏赐。因东部书库占地狭小，宋真宗还诏示将原为吴越王钱俶修造的礼贤宅划出一部分进行扩建。而后，国子监东门临于保康门（里城南垣东门）街、南临横街、北近蔡河，内设20斋，房舍200间，国子生主要为京城内七品以上官员子弟。

宋仁宗庆历四年（1044年），判（以高官兼任低职称判）国子监王拱辰等上言国子监规模太小，且无法再扩建，而学生日增，请将锡庆院改建为太学。锡庆院在里城内御道之西，是接待宴请辽国使者的地方，虽平日空闲，但使者到来时就要居住，一时无法更造，只好先暂借其廊庑数十间办学。学生早上来傍晚走，不能住宿。这段时间，请的是湖州府学教授胡瑗主讲。他精通儒家经典，且身体力行，教学有方，远近子弟纷纷慕名而来，最多时达千余人，太学无法容纳，只好借用附近的官舍。学生们受其影响，极重个人修养，注意衣着得体，朴素整洁，走在路上，一看便知是胡瑗弟子。其中有一半左右因品学兼优被礼部选中授官。为便于校正经书，于嘉祐六年（1061年）刻成《周易》、《诗经》、《尚书》、《周礼》、《礼记》、《春秋》、《孝经》、《论语》、《孟子》9部石经，立于太学。其经石为一行篆书，一行楷书，故后称二体石经。直至宋神宗熙宁四年（1071年）方诏准将锡庆院全部及其东临的朝集院（地方官来京入朝居所）西庑划归太学，后建成讲书堂 4 所，学舍 80 斋。每斋居学生 30 人，共为 2400 人。其中上舍生 100 人，内舍生 300 人，外舍生 2000 人。自此，太学建置趋于完备。当时规定，外舍生每年考试一次，以其优异者补选内舍生。内舍生每两年考试一次，以其优异者补选上舍生。上舍生经考试分出上、中、下三等，上等可入见皇帝，直接授官；中等可直接参加殿试；下等可直接参加礼部考试。太学北临汴水，南隔横街与里城南垣相对，正门内"太学"与"首善门"刻石均出于权臣蔡京之手。首善门内为首善堂，系太学的管理机构；后为讲堂，称明善堂；又有藏书楼，称稽古阁。除九经刻石外，还陆续立有翰苑题名碑、开封教授题名碑等。东部为斋舍区，部分是原有廊庑，多数是新增建的房舍。西部建有孔庙，自成一院落，庙庭中有一莲池，增添了几分静美。正殿南向，内中居孔子塑像；自元丰年间诏以孟子配享后，左为颜子，右为孟子，成一字形排列。元祐六年（1091 年），宋哲宗巡幸太学，拜谒孔庙，并听国子祭酒丰稷讲解《尚书·无逸》篇。宰相吕微仲即兴赋诗言："再拜新仪瞻鲁圣，一篇古训监周王。"所谓再拜，指北向面对孔子塑像跪拜后献酒，然后再跪拜一回。皇帝以此种礼仪释奠孔子始于宋代，故称"新仪"。

至宋徽宗时，孔庙及太学建制又有所发展。崇宁元年（1102 年），于城南门外郊区扩建外学，效仿古时辟雍之制，外圆内方，赐名"辟雍"。建学舍百斋，每斋 5 间，可容 30 人，共居 3000 人。规定初入学者皆先居此外学,而后经考选进入城内太学。城内太学只置内舍、上舍,内舍生定员 600 人,上舍生定员 200 人,连同外学合为 3800 人(不包括国子生),为一时之盛。宋徽宗诏示:"古者学必祭先师,况都城近郊,大辟黉舍,聚四方之士,多且数千,宜建文宣王庙,以便荐献。"又诏:"辟雍文宣王殿以'大成'为名。"这是孔庙称大成殿之始,名"大成之殿"。庙殿落成,宋徽宗曾亲临释奠。后又诏示以王安石配享,位居孟子之次;增孔子冕为 12 旒,手执镇圭,庙门列 24 戟,如王者之制;其从祀者略有增减,72 子画像改为周代冕服。宋钦宗即位后,废王安石配享之位。国子监及太学孔庙当一遵此制。靖康元年(1126 年),金兵攻入开封,次年掳徽、钦二帝北去,汴京城受到破坏,诸学亦废。辟雍孔庙仅存 20 余年。此所谓辟雍,只不过是借用其名,而并不行其制,皇帝既未在此行辟雍礼,在诸学中又位居下等。然而,此地孔庙殿堂首得"大成"之名,则应该说是具有特殊意义的。联系到宋真宗时加封孔子为至圣文宣王及此次诸礼仪的增制,表明人们对孔子及儒家思想的认识又有了新的提高。而后,大成殿作为孔庙正殿专名长期相沿,与佛寺中的大雄宝殿相类。以此为标志,孔庙作为祭祀学人祖师的场所开始形成独具特色的庙宇系统。

金兵攻占汴京后继续南侵,宋高宗迁都于杭州,改称临安,表示只是以此地为临时居住的都城,名义上仍遵汴京为国都。南宋时期,临安城南北狭长,呈腰鼓状,西临西湖、东近钱塘江、南跨吴山、北至武林门。皇城位于城南凤凰山东麓，正南为丽正门，正北为和宁门，北出和宁门至城北中正桥设御街（即今杭州城区中山路），贯穿南北。太学位于城北御街之西前洋街，大致在今浙江医科大学附近。

这里西近钱塘门，原为抗金名将岳飞居宅。绍兴十一年（1141年），岳飞以"莫须有"的罪名遭杀害。次年，宋高宗下诏筹办太学，知府王唤即以岳宅作为学址加以扩建，于绍兴十三年建成。其太学正门内，中有首善阁，悬挂宋高宗御书"首善之阁"额牌。这里是管理机构，内藏南宋历朝皇帝幸学诏书等；左、右厢房为学官的住处；阁后为讲堂，名敦化堂，后又改称崇化堂，内藏宋理宗御书朱熹《白鹿洞学规》石碑。西部建有孔庙，自成一庭院，前为棂星门，后为大成门，门外立24戟。庭院内有正殿及东、西庑，正殿悬挂宋高宗御书"大成之殿"额牌。宋高宗及吴皇后均善书法，曾手书《周易》、《尚书》、《诗经》、《礼记》、《左氏春秋》、《论语》、《孟子》等。宋孝宗时在孔庙之后建光尧石经阁，置其墨本于上堂，刻成石碑立于阁下，供太学生观学。后又立宋代大画家李龙眼所绘孔子72弟子图像石碑（这些石碑今尚有一部分保存在杭州劳动路孔庙内）。东部建有学舍，共20斋，分别命以服膺、提身、习是、守约、允蹈、养正、持正、节性、率履、明善、经德、循理、时中、笃信、果行、务本、贯道、观化、立礼、存心等具有儒学色彩的斋名。太学生员额初定为300人；至南宋末发展为1716人，其中上舍生30人，内舍生206人，外舍生

1400 人，国子生 80 人。斋舍后为射圃，用以教习弓射。东南隅建有土地庙，以岳飞为神主，可谓寓意深刻。因这里本来就是岳飞的住宅，岳飞忠孝节义、英勇抗金、含冤被害等事，可引发出太学生们的一系列联想。除太学外，还在睦亲坊设宗学，以教授皇族子弟；在凌家桥东建府学（原在城南部子城通越门下，因改筑皇城而迁）。各处均有孔庙，且正殿均称"大成之殿"。

宋代孔庙内配享及从祀者前后有所变动。北宋时，曾祀孟子、荀子、扬雄、韩愈及王安石父子，后又以孟子、王安石配享。南宋时罢黜王安石父子，又增祀周敦颐、张载、程颢、朱熹、张栻、吕祖谦等，增曾参、子思为配享。大成殿内供奉孔子、四配、十哲，东、西庑各供奉从祀者 52 人。其释奠礼仪大体上同于唐代开元礼，唯独因庙内孔子塑像改为居中朝南，庭中揖拜及三献官入殿内跪拜酹献均改为面向朝北，另外增拜孟子、曾子、子思等，东、西庑诸神位由分献官行礼。又重新规定，太学生入学需于当月或次月元日至孔庙行释菜礼。南宋初年，太学孔庙落成后，宋高宗曾亲临释奠。高宗身穿朝服，乘车至大成门外，待群臣班列于庙庭，即入殿内至孔子神位前跪拜上香、执爵三祭酒，再拜而出。随后视看庙中景观，至讲堂听经。后宋孝宗再亲临释奠，一如此仪。

宋代理学昌盛，亦兴考据，对于孔庙礼制，学者们时有议论。如著名理学家朱熹以为，将庙中孔子塑像改为南向与古礼以东向为尊不合。项安世为越州教授时重修孔庙，将颜子塑像置于庙西墙，东向。朱熹闻知，认为此乃古时先圣之位，将颜子神位设于此，既不合今制，也不合古法，极不妥当，项安世随即重置颜子塑像于东墙，西向。南宋时，孔庙内配位塑像如颜子、曾子、子思、孟子皆置于东墙西向位，西墙东向位虚之。朱熹又认为，将庙中孔子塑像置于椅上或置于台座均不合于古礼，应当是席地而坐。他在白鹿洞讲学处所设礼殿即用这种坐式。著名文学家苏轼也认为，神像高坐于上，祭品下置于地，于情理不合。岳珂在《愧郯录》中还谈到，听说郑州列子祠中的列子塑像、成都府学所藏汉时礼殿石像及蜀地先圣先师木刻像，均为席地坐式，认为应当照此改正。或由于古今时俗相差太大，不容易被普遍接受，而终未能再改回去。

这一时期，在我国北方，先后建立辽国和金国。辽国开国皇帝耶律阿保机精通汉文，深受儒家思想影响。其开国之初，于神册三年（918 年）在今内蒙古昭乌达盟巴林左旗林东镇南营筑皇都时，就下诏建筑孔子庙、佛寺、道观。后又扩筑南城，整座城周长 27 里。皇宫、官署均建于北城（皇城）内。孔庙建于皇宫南门外西南部，其南为国子监。后实行五京之制，称皇都为上京，孔庙建制相沿不改。金灭辽后，天会十五年（1137 年），金人迁徙刘豫（原为宋臣，后降金，被封为大齐皇帝）于上京，让他在旧夫子庙内居住，可知经不断修缮，二百年来孔庙一直保存完好。另在南京（燕京）亦有孔庙。燕京沿于唐幽州蓟城，在今北京西南部，城周18公里，城内西南部为子城。孔庙大致在今白纸坊一带，为燕京城东南隅，有可能是原来的幽州学庙。保大二年（1122年），金人攻占南京，不久辽亡。皇统元年（宋高宗绍兴十一年，1141年），金熙宗在燕京亲祭孔庙，北面再拜。他对侍臣说：我幼年游侠，不知志学，岁月逾迈，深以为悔。孔子虽无位，其道可遵，使万世景仰。大凡为善，不可不勉。于是发愤读《尚书》、《论语》及五代、辽史诸书，夜以继日。其时城已易主而庙犹存，并使后来的皇帝因祭拜而感奋明志。可见，无论对于汉人，还是对于接受汉文化影响的契丹人或女真人，孔庙都不是可有可无的虚设。

金国开国之初建都于会宁（今黑龙江省阿城南），初只建有"皇帝寨"。天会十三年（1135年），金熙宗即位，始建皇城，后又扩筑北城，整座城周长约11公里。天眷元年（1138年），在营筑皇城（南城）的同时即修建孔庙。这固然更多的是由于金熙宗本人受汉文化教育，全盘接受了儒家思想，史书上说他"尽失女真故态"、"宛然如汉户少年"；但也应该是以共同的需要作为基础。其时，上距金灭北宋（1127年）仅10余年；距收国元年（1115年）完颜阿骨打称皇帝、创立金国，天辅三年（1119年）完颜希彦创制女真大字也只不过20余年。可见儒家思想传播之快、效力之大。海陵王天德三年（1151年）迁都燕京，在辽南京城的基础上进行扩建，称中都。曾将汴京学宫的九经石刻移置于国子学，明代在白纸坊还可见到。后在金世宗大定年间（1161～1189年）又陆续建置太学、女真国子学、女真太学。原在孔庙殿内只以颜渊配享，行释奠礼时以大小碟盛茶食等物。大定十四年（1174年）改依唐开元礼制，以孟子配享于右位。承安二年（1197年）二月丁祭，金章宗曾亲临孔庙行释奠礼，自为初献，以亲王为亚献、终献，皇族陪祀，文武群臣助奠。后二年又下诏建太学于京城之南，中筑辟雍，以西厢房置图书，东厢房置祭器，效仿汉代皇帝于辟雍行礼，祭祀孔子。金宣宗贞祐二年（1214年），因蒙古军进逼，南迁汴京。对旧汴京城予以重修和改筑，移建太学及孔庙于东南城下会朝门内，一依旧制行释奠礼。金哀宗时曾举行过会试，立有用女真文字书写的进士题名碑。后至明代，重筑旧里城为开封府城，建府学及孔庙于丽景门（宋门）内，并移置宋太学诸碑于此。

与宋王朝疆域内诸州县立庙不同，辽、金是与宋并存的少数民族政权，其于都城设立孔庙，不是听命于宋朝皇帝，而完全是出于自身的需要。其设庙皆起于开国之初，而与国家存亡相始终，又均用汉人礼仪（唐开元礼）。这对于促进汉文化及儒家思想在更广阔的范围内传播，加强各民族之间的交流，无疑具有重大的意义。

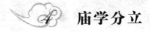

4　庙学分立

继辽、金以后，在北方又有蒙古人兴起。其在统一中国、建立元朝的过程中也是很快就接受了汉文化及儒家思想，在京都和广大的行省地区建立孔庙，使孔庙分布范围空前扩展。

蒙古人原臣服于金国。金泰和六年（1206年），铁木真于翰难河（今蒙古鄂嫩河）之源即皇帝位，称成吉思汗。不久即与金断绝属臣关系。贞祐二年（1214年），成吉思汗亲率蒙古军攻至金中都燕京城下，迫使金宣宗屈服议和，而后南迁汴京。次年，蒙古人占领燕京。原居住在燕京城内的金臣耶律楚材以熟知儒家经典、精通天文律历之学称著，被成吉思汗召至身边，以备顾问。他随成吉思汗及其子窝阔台（太宗）南征北战，常说以儒家之道。金天兴二年（1233年）蒙古军占领汴京，耶律楚材即派人入城寻求孔子后裔，得五十一世孙孔元措，便奏请太宗恩准，使其继续袭封衍圣公；又命收太常礼乐生，召名儒梁陟、王万庆、赵著等为皇太子进讲东宫。同年底，太宗返回京都，即"敕修孔子庙及浑天仪。"太宗七年（1235年），命筑和林城（今蒙古后杭爱省厄尔得尼召北）以为国都。次年，复修孔子庙及司天台。这两次所修当为同一座孔庙，即在和林城内。后和林城改为岭北行省治所。其城址今犹残存于地面之上，南北长约2公里，东西长约1公里。宫城在西南隅，周长约1公里。形制布局一如汉城。可见此时蒙古人汉化程度已很深。耶律楚材对太宗说：制器者必用良工，守成者必用儒臣。三纲五常，圣人之名教，有国家者莫不遵循，如天之有日月。岂得因一夫之失，使万世常行之道独见废于我朝！太宗对这番话表示赞同。

元世祖忽必烈在位期间（1271～1294年），崇儒的势头有增无已。忽必烈汉化意识极强，注意招纳博学多才的儒士。刘秉忠聪明过人，熟读经典，隐居云中（今山西大同），被召入朝，上书忽必烈说：孔子为百王师，立万世法，今庙堂虽废，存者尚多，应下令州郡祭祀孔子，释奠如旧仪。礼乐器具散失，应下令寻回。征召原太常寺懂礼仪者教引后学，使器备入存，渐以修之，实为太平之基，王道之本。忽必烈对此深表赞许。蒙古宪宗三年（宋理宗宝祐四年，1256年），刘秉忠奉命在滦水之北营筑开平府城（在今内蒙古正蓝旗五一牧场），经三年而成。中统元年（1260年），忽必烈在此即皇帝位。次年八月，命开平守臣释奠于孔庙，又以许衡为国子祭酒。许衡为一代名儒，原讲学于河洛之间，忽必烈即位后被召入朝，以国子祭酒的身份教授皇太子。他针对"今里巷之谈，动以古为诟戏"，即不尊重传统礼制的现状，上书说：不知今日口中所食，身上所衣，皆古人遗法而不可违者，岂天下之大，国家之重，古之成法反而可以违背？又说：考之前代，北方人统一中华大地者，必行汉法才能长久。忽必烈深以为是。为加强礼制，至元六年（1269年），命令留守臣颜蒙古岱重修孔庙于城内东南隅。至元八年（1271年），又命在孔庙之西设国子学，以许衡为集贤大学士兼国子祭酒，增置司业、博士、助教等，选取随朝百官近侍蒙古、汉人子孙及俊秀者为国子生，并亲自挑选蒙古子弟入学。许衡大为感动。为使学有成效，他从原弟子中征召 12 人前来国子学伴读，对国子生严格要求，系统传授儒学经典。开平府城后来改称上都。大都城建成后，以此为陪都。每年春夏之季，皇帝属臣来此避暑治事。此城内孔庙，在元仁宗皇庆二年（1313 年），又由留守臣贺胜增修廊庑、斋厅、墙垣等。大学士许有壬撰有上都孔子庙碑文记其事。上都城址今犹残存于地面之上，其平面呈正方形，每边长约 2200 米；城内东南部为皇城；皇城内北中部为宫城。皇城东南隅有一围墙院落，东西长约 100 米，南北长约 150 米，即孔庙遗址。其内残存前、后两处基址，似为大成门及大成殿。院落西北部又有一处较小院落，当是国子学遗址。

忽必烈即位后，于中统二年（1261 年）下诏修复旧燕京城；至元元年（1264 年）以燕京为中都，作为陪都。至元四年又命刘秉忠在旧燕京城东北新建大都城。至元八年，取《周易》"大哉乾元"之义，定国号称大元。至元九年，改中都为大都，并决定迁国都于此。大都城的建设，直到至元二十七年（1290 年）才全部完成。大都城完全是按照儒家经典《周礼·考工记》所载古代王城的模式规划营造，规模宏伟，形制方正，周长 30 公里，皇城居中央前部，内有宫城，中央后部为市场，居民区依《周易》"大衍五十"之义划分为 50 坊。其对古代礼制倾心恪守，实无以复加。

大都城孔庙原设于南城，即旧燕京城。当初攻下燕京，宣抚使王檝随军入城，看到孔庙被毁，十分痛心。王檝是汉人，文武全能，曾为金将，兵败被俘，凛然不惧，深得成吉思汗赏识，委以重任。后领省中都，即取原枢密院之地重立孔庙。蒙古太宗元年（1229年），他亲率诸士大夫在孔庙行释奠礼。而后，春秋二祭相沿不废。金枢密院所在今已不能确指。枢密院掌一国军事，位高权重，自不会距皇宫很远，故很有可能是在明清北京城外城西南角一带。孔庙修成后，王檝又取古石鼓列于庑下。石鼓为周代遗物，亦称猎碣，共有10块，各呈圆鼓状，上以大篆刻写四言诗，述游猎之事。原埋于地下，唐代发现于今陕西宝鸡三畤原，后被郑余庆移置于凤翔孔庙内，北宋末年归于汴京，金人破汴后又迁至燕京，故为王檝所得而得列于孔庙，成为庙内的一个新景观。忽必烈即位后，曾重修燕京孔庙。后迁大都，即以其为京都孔庙。至元二十四年（1287年），设国子监，定生员220人，蒙古、汉人各半，亦在此。元成宗时陆续移建孔庙及国子监于大都城内今址，以此为大都路学（亦称大兴府学）。泰定帝三年（1326年），重修孔庙。马祖常撰重修大兴府学孔子庙碑文记言，原庙貌祠位皆不如制，经重修后，两庑扩为52间，置放从祀诸贤像105人。由此可知，王檝所建孔庙规模较小，此次是依大都城内新建孔庙的规制重修。元仁宗皇庆二年（1313年），诏以元儒许衡从祀，故从祀者由104人（宋代定制）增为105人。

在元大都城内今址（国子监街）建立孔庙，原是出于蒙古人哈剌哈孙之请。他受儒家思想影响颇深，雅重儒术，逢大政事必与儒臣商议，很得元成宗信任。大德二年（1298年），哈剌哈孙升为中书左丞相，上书说：京师一直未建孔庙及国子学，不合礼制。请建庙学，选名儒为学官，采近臣子弟入学。元成宗对此议极为重视，遂于大德六年诏令建孔庙于京师。大德十年，孔庙即将告竣，又诏示营建国子学于孔庙西侧。此孔庙及国子学新址位于大都城内北部偏东。因为经数十年发展，大都城中部及南部已为民居等用地所占满，而孔庙及国子学占地较多，还要考虑到进一步扩建，故选址在城北部较为空闲之地。这时，曲阜孔庙已重修完毕，大都孔庙在规模形制等方面当有所借鉴：占地约2.2万平方米，前临街巷；外有棂星门，今称先师门，为3间建制，歇山式屋顶，配有鸱吻等装饰，檐下斗拱大而稀疏，造型精美、古朴、简洁，仍保持元代建筑风格；内有大成门，为5间建制；后有大成殿，同于元代曲阜孔庙，为7间建制；东、西庑建制应同于泰定年间大都路学庙制，为各27间；中央庭院略呈方形。与同一时期曲阜孔庙相比较，主要是取其大成门至大成殿之间规制（不再建御赞殿及杏坛），而舍去后寝殿及其他附属建筑，在大成门前唯置棂星门，形成前后两进院落。庙内大成殿供奉孔子及四配、十哲神位，东、西庑供奉从祀者104人神位，后在皇庆年间增祀许衡，至顺年间又增祀汉儒董仲舒。其释奠礼仪大体上同于旧制，唯致祭者多为学官，不见有关皇帝亲临释奠的记载。大德十一年（1307年）元成宗死，元武宗即位，加封孔子为大成至圣文宣王，立碑于大成门外东侧。元文宗至顺元年（1330 年），追封孔子父为启圣王、母为启圣王夫人等，立碑于大成门外西侧。另在皇庆年间将原置于南城孔庙内的石鼓移于此庙大成门内，左、右各置 5 块，相沿至今，为京都孔庙传世之宝。元仁宗皇庆二年（1313 年）开始实行科举考试，中选进士需择日至孔庙行释菜礼，并刻石题名于国子监。清代曾在今大成殿后启圣祠土中发现元进士题名碑 3 通，很可能在元代即立碑于此，元代孔庙后围墙也当在此附近。庙庭中的水井及大成门外神厨旁的水井亦为元代立庙时所挖，以为行释奠礼时盥洗、宰牲取水之用。后来将庙中的一口水井附会为圣水井，传说饮此井水可使文人思如泉涌，笔下生花，清乾隆皇帝赐名"砚水湖"。

国子监位于孔庙之西，即今首都图书馆馆址。自南门至彝伦堂之间为元代初建时所达到的规模。其自成一套两进院落，正门临街巷，内为太学门，门内居中为学官居所及讲堂，东、西庑为学生居所。元仁宗延祐四年（1317 年）又在今彝伦堂址增修崇文阁，作为藏书之所。修成后立碑于阁下，国子祭酒撰文说：乃于监学之北，构架书阁。阁四阿，檐三重，度以工师之引，其崇四常有一尺，南北之深六寻有奇，东西之广倍差其深。延祐四年夏经始，六年冬绩成。材木瓦甓诸物之直，工役饮食之费，一皆出自御史府。雄伟壮丽，焕然增监学之辉，名其阁曰崇文。可知此阁 3 层，上为四坡屋顶，宽广高大。古时以八尺为寻，倍寻为常。其高四常一尺即 65 尺，南北长六寻即 48 尺，东西长十二寻即 96 尺，依元代尺度一尺合今约 31.57 厘米计，分别为 20.25 米，15.15 米，30.30 米。如此则与今曲阜孔庙内藏书楼奎文阁（明代重建，3 层 7 间，高 23.35 米、南北长 17.62 米、东西长 30.10 米）的规模形制大致相当，很可能就是仿奎文阁而造。因元代奎文阁为 3 层 5 间，层顶为歇山式，国子监崇文阁在规格上已明显超过。如此突兀高起的楼阁，在当时大都城内是不多见的。崇文阁内广收经史子集书籍。元代，在此就学的国子生最多时不过 400 余人。虽数量较少，但在如许衡等名儒的精心指教下，多学有所成。

元代自上都，至大都南城，至大都城内今址，凡三立庙、学，皆先建孔庙而后兴国子学。其庙、学虽相邻，然各自成一独立庭院，孔庙外门直临街巷，而不再像唐宋时期二者合为一院。元武宗加封孔子为大成至圣文宣王，这是后世追谥中的最高礼遇。其对于皇帝与圣者之间的名分高下，似不像历代统治者那样过多计较。但在另一方面，元代皇帝对于孔子及儒学，却又始终是崇拜大于理解；对于儒生的重用也往往局限于已有的知名者，而不注意兴学培养。于是就表现出一种重庙轻学的倾向。这可能与元代历时较短（不足百年）有关。大都城内孔庙在建制规模等方面超过以往任何时期的京都孔庙，其所奠定的庙、学分立格局为明清北京城所长期沿用，对于孔庙的发展具有划时代的意义。

5 改易木主

与元代统治者重庙轻学相反，明代皇帝更多地表现出轻庙重学的倾向，而尤以嘉靖皇帝下令将孔庙内孔子塑像撤除、改置木牌神位，贬孔子封号等为甚。此后，庙内景观为之一变，除曲阜及其他少数地区而外，孔庙内不再见有孔子及配享、从祀者塑像。

明初定都应天府，即今南京。开国皇帝朱元璋接受儒士朱升"高筑墙"的建议，在原建康城的基础上大为拓展，使城周长达 67 华里，城墙高 3 丈以上，坚固无比。在大城东部，将燕雀湖填平修造皇城（今南京城区逸仙桥以东、光华门以北，有明故宫遗迹），亦雄伟壮观。与此同时，他也没有忘记在京都之地建庙兴学，即位伊始，便诏示以元集庆路学（在今夫子庙址）改为国子学，令官民子弟通文义者入学，以太牢致祭孔庙。而后又规定，每年春秋丁祭，由皇帝降香，遣官祭祀，以丞相行初献礼、翰林学士亚献、国子祭酒终献；并提高礼仪规格。

洪武十四年（1381 年），朱元璋下诏在皇城西北、鸡笼山南（今成贤街附近）新建太学，称国子监。次年，又诏示在太学之东营建孔庙。在建造期间，朱元璋曾数次亲临现场，规划定制。孔庙建制为棂星门 3 间；门内东、西有神厨、神库，各 7 间；北为大成门 3 间，左、右各连以厢房 5 间，东厢房内有石刻孔子及四配像；门北为大成殿 3 间，左、右各连以斜廊，前有露台高约 3 米，两庑各 31 间。占地南北长约 180 米，东西宽约 80 米，略小于元大都城孔庙。洪武三十年（1397 年），又重新改作，将大成殿及大成门增为 5 间，东、西庑增为各 38 间等。洪武十五年孔庙落成时，朱元璋曾亲临释奠。臣下议论：孔子虽为先圣，但位在人臣。皇帝致祭，应敬一次酒，拜两次。朱元璋不同意，改为至孔子神位前再拜，然后献酒，复再拜。四配、十哲及两庑从祀者各由分献官致祭。拜毕，至太学彝伦堂讲经。永乐四年（1406 年），明成祖亦亲临释奠，仍行四拜礼，比宋朝皇帝行再拜礼又进了一步。

太学在孔庙之西。其中心建筑为彝伦堂，面阔 15 间，长百余米，南北进深 20 余米，高 10 余米。中间设御位，供皇帝视学时居坐；其他为国子祭酒、司业等办公用房。堂前左列鼓乐，右建钟楼，并置计时石晷（测日影定时刻的仪器）。堂后建率性、修道、诚心、正义、崇志、广业 6 堂，为教室，亦各面阔 15 间，唯规模略小于正堂。彝伦堂前设仪门，立敕建太学碑亭。前为太学门，东、西各建书库，均为 7 间 2 层，高近 10 米。前为集贤门，即国子监外门。门外街南设国子监牌坊。其南临成贤街，东、西、南各立成贤街牌坊。学生居舍分建于孔庙以北、小教场之西、成贤街官瓦房一路，多至千余间。另在太学以西建射圃，外围墙垣，正南设观德门，中有正直堂，院庭开阔，供学生习射之用。整个国子监及孔庙占地东临小教场、西近十庙口、北至城坡土山、南接珍珠桥，方圆 1 公里余。在学师生最多时 9000 余人。后开科取士，陆续竖立进士题名碑于太学门下。在洪武、永乐年间，还有日本、高丽、琉球、暹罗（今泰国）各国学生来此留学，分别在国子监北造光哲堂 15 间、国子监南造王子书房百间作为宿舍。高丽国学生金涛在此上学，考中进士后归国，一时传为美谈。永乐皇帝迁都北京后，以南京为陪都，改称南京国子监。明初沿元集庆路学所设国子学后改为应天府学。

明初，改元大都为北平府，作为燕王朱棣的封邑。原国子监改为北平府学。朱元璋死后，朱棣夺得皇位，决定迁都北京，并于永乐四年（1406 年）下诏重建北京城，在原皇宫以东修筑宫城，将外城南垣南移，北垣内缩，而恰将北平府学包围在城内。永乐十九年（1421 年）正式迁都北京，改北平府学为国子监。在此前后，略依南京国子监之制对其加以改建。因崇文阁已毁，在旧址重建彝伦堂，仍为面阔 7 间，中间设御位，堂前为露台，台南连接长 140 余米的甬道，直至太学门。崇文阁北设后堂及东、西讲堂，后左置鼓房、右置钟房。崇文阁东设率性、诚心、崇志 3 堂，西设修道、正义、广业 3 堂，作为教室。太学门外东侧围墙开置持敬门，以出入孔庙。南为集贤门，临成贤街，左、右各置国子监牌坊。国子监以西亦建射圃。学生宿舍则分别建于国子监北部、西部及孔庙以东等地，共 700 余间，在学师生最多时达 1.3 万余人，其中有不少是外国留学生。国子监南交趾号房即为越南留学生而建。后嘉靖皇帝御制《敬一箴》，以告诫天下儒士谨慎专一地奉行圣贤之道，并下令将《敬一箴》及宋儒范浚所作《心箴》、程颐所作《视听言动四箴》等刻成石碑，立于国子监及府州县学，故在嘉靖年间又于彝伦堂后增建敬一亭，内置石碑，自成一院落，南设敬一门。亭左为祭酒厢房，亭右为司业厢房。明代大儒宋讷、李时勉、罗钦顺、陈敬宗、章懋、吕柟、蔡清等都曾在此执教讲学。

明代北京孔庙建筑大体上维持元代旧制，而经永乐、宣德、正统年间数次营修，变得更加宏伟壮观，基本上达到了今所见到的规模。大成门崇基石栏，门前后3出陛，中为螭陛，左、右各13级。门前列24戟，左置鼓、右悬钟，各有石鼓5块。大成门左右辟角门，门内院庭青砖铺地、松柏参天，中有甬道通向大成殿。殿前露台围以汉白玉雕云头石柱栏杆。台前石阶17级，中嵌一块大青石浮雕，长7米、宽2米，上下雕以飞龙戏珠，中为盘龙宝珠火焰，云水波涛。大成殿7间重檐，内供奉孔子及四配、十哲神位，仍为塑像。因原置案过低，俯食有失仪态，故神位前改用高案。东、西庑改为19间。明英宗正统八年（1443年）重修孔庙及太学后，立碑于大成门下。正统九年，明英宗亲临释奠，仍遵洪武、永乐年间仪制，行四拜礼。成化元年（1465年），明宪宗前来致祭，始设牲、奏乐。成化十二年，明宪宗批准国子监祭酒周洪谟的请求，将释奠礼仪由原定乐舞用六佾，笾、豆各十增为乐舞用八佾，笾、豆各十二。弘治元年（1488年）又规定皇帝亲临释奠，需先致斋一日，增加献币帛仪式，牲用太牢。弘治九年，再增乐舞为72人，如天子之制。对孔子的尊崇臻于极盛。弘治十四年，对孔庙围墙重加修缮，并增修棂星门前照壁，上覆以青琉璃瓦。

至嘉靖年间，尊孔的势头发生了逆转。历代皇帝之所以特别推崇孔孟之道，主要的着眼点在于利用其所倡导的纲常名教来巩固自己的统治地位，特别是至高无上的皇位。为此，他们可以在孔子像前一拜、再拜……但是，对于儒家思想中的核心和精华，如主张君权有限，民贵君轻等，却始终是耿耿于怀，更害怕臣民以此为理论根据来反对自己，动摇其集权专制的统治。明初，朱元璋刚刚登上皇帝宝座，读到《孟子·离娄》所载孟子告齐宣王曰："君之视臣如手足，则臣视君如腹心；君之视臣如犬马，则臣视君如国人；君之视臣如土芥，则臣视君如寇仇。"这段话的意思是说，国君如果将臣子看作手足，臣子就将国君视为心脏；国君如果将臣子看作犬马，臣子就将国君视为一般人；国君如果将臣子看作野草，臣子就将国君视为仇敌。朱元璋感到十分刺耳，认为作为臣子决不应讲这种话，随即下诏撤除了孟子在孔庙中的配享之位；并明示臣子有敢劝谏者，以"大不敬"论罪处死。刑部尚书钱唐冒杀身之祸，凛然抗旨，"袒胸受箭"，命人抬棺随从上殿，声言："臣得为孟轲死，死有余荣。"使朱元璋大为感动而有所省悟，即命太医为钱唐治疗箭伤。不久又下诏：孟子辨异端，辟邪说，发明孔子之道，仍予配享。

　　明中期孔庙礼仪所发生的一系列变化则是与所谓
"大礼仪"之争有一定的联系。正德皇帝即明武宗死后
无子，依兄终弟及的祖训，其堂弟、兴献王之子朱厚
熜承袭皇位，即嘉靖皇帝。他即位第 6 天，便下令礼
官集议其父封号。以首辅杨廷和等朝臣为维持大宗不
绝，认为朱厚熜应当在名义上过继给正德皇帝之父即
弘治皇帝（明孝宗），而以其生父为皇叔父。嘉靖皇帝
大为不满，要求重议。此时观政进士张璁奉迎其意，
上《正典礼疏》，主张继统不继嗣。嘉靖皇帝遂从此
议，下诏尊其生父为兴献皇帝，被杨廷和等拒绝，由
此而引出一场旷日持久的"大礼仪"之争。为使嘉靖
皇帝收回成命，嘉靖三年（1524 年）七月十五日会朝
后，朝中官员 200 余人齐跪左顺门，哭声震天。嘉靖
皇帝大怒，命将其中大部分人逮捕入狱，后将 18 人杖
死。遂强行颁诏，追其生父为"皇考恭穆献皇帝"，称
弘治皇帝为"皇伯考"。这一场君臣之争虽然以皇帝及
其宠臣的胜利而告终，但群臣据理直争，也使他感受
到巨大的压力。猜忌成性的嘉靖皇帝由此而联想到孔
庙。嘉靖九年（1530 年），张璁上书说：对先师祀典，
有些方面应当更正。叔梁纥乃孔子之父，颜路、曾皙、
孔鲤乃颜渊、曾参、子思之父。颜渊等 3 子配享庙庭，
叔梁纥及诸父从祀两庑，原圣贤之心能安吗？请于大
成殿后别立室祀叔梁纥，而以颜路、曾皙、孔鲤配享。
嘉靖皇帝深为赞许，并又借题引申说：圣人尊天与尊
亲同，今笾豆十二，牲用犊，全用祀天仪，亦非正礼。
其谥号、章服都应改正。张璁秉承旨意，再上书说：

孔子应称先圣先师，不称王。祭祀之所应称庙，不称殿。神位应用木主，塑像应毁掉。笾豆用十，乐用六佾。配位公、侯、伯之封号应削去，只称先贤先儒。为此，又引出一场很大的争论。先有翰林院编修徐阶上书言：改易封号，毁掉塑像，决不可行。嘉靖皇帝怒而贬其官，并御制《正孔子祀典说》及《正孔子祀典申记》，命群臣再议。御史黎贯等又上言力争，认为孔子的伟大是任何人都无法比拟的，就好像天不可登一样。虽比之于天，也不为过分。这更加惹怒嘉靖皇帝，遂罢其官。后给事中王汝梅等坚持不改，但大多数官员迫于压力，只好说：人以圣人为至（最高），圣人以孔子为至。宋真宗称孔子为至圣，其意已完备；今应于孔子神位题"至圣先师孔子"，去其王号及大成、文宣之称；改大成殿为先师庙，大成门为庙门；其四配称复圣颜子、宗圣曾子、述圣子思子、亚圣孟子；十哲以下凡孔门弟子，皆称先贤某子；左丘明以下，皆称先儒某子；不复称公侯伯。嘉靖皇帝遂下诏贬号毁像，制木为神主，乐舞用六佾，笾、豆各十。又命在孔庙中增立启圣公祠，供奉孔子父叔梁纥神位，以颜路、曾点、孔鲤、孟孙氏配享，以程珦、朱松、蔡元定从祀，后又增周辅成从祀。规定春秋二祭，以主祭者行礼于孔庙正殿，以辅祭者行礼于启圣公祠。罢祀公伯寮、秦冉、颜何、荀况、戴圣、刘向、贾逵、马融、何休、王肃、王弼、杜预、吴澄，另有林放、蘧瑗、卢植、郑众、郑玄、服虔、范宁各祀于其乡，增祀后苍、王通、欧阳修、胡瑗、陆九渊，将从祀者调整为 91 人。由此,孔庙大成殿改称先师庙,庙内孔子像(在此前又改为画像)及其他配享、十哲、从祀者像被撤除,改换成尺寸不等的木制牌位。这使嘉靖皇帝及其追随者的不平衡心理得到了一时的满足,但似乎没有也不可能动摇孔子在其他人心目中至高无上的地位。传说取下孔子画像后即被人珍藏起来,清末八国联军侵入北京时被德国侵略军掠去,后来流传到一位孔子崇拜者手中,虔心供奉。嘉靖十年(1531年),修成启圣公祠,位于大成殿之后,自成一院落。后嘉靖皇帝曾派大臣来此致奠。嘉靖朝权相大学士严嵩亦曾来孔庙释行奠礼。传说他自甬路前行至露台阶下,一时狂风骤起,吹动元柏树枝掀掉了他头上戴的帽子。严嵩受嘉靖皇帝宠爱,平时陷害忠良、欺压百姓、贪污纳贿、作恶多端,为人所痛恨,于是便附会说柏树有知,能辨忠奸,称其为"触奸柏"或"辨奸柏"。此柏为元代建孔庙时所栽,至今已 600 余年,仍枝叶繁茂、挺拔苍翠,耸立在大成殿露台右前方。

明穆宗在位期间(1566～1572 年),孔庙变化不大。万历二十八年(1600 年),明神宗听从司业傅新德的请求,殿庑屋顶改换为琉璃瓦,又陆续增薛瑄、罗从彦、李侗、陈献章、胡居仁、王守仁为从祀;定每年春秋二祭,由皇帝遣大臣祭献先师及配位,其十哲以翰林官祭献,两庑从祀以国子监官祭献;每月朔日及考取进士行释菜礼。崇祯十四年(1641 年),崇祯皇帝亲临释奠。拜毕,巡视庙庭,又至两庑观阅诸先儒神位,对随从官员讲:宋儒周敦颐、邵雍、程颢、程颐、张载、朱熹有功圣学，左丘明亲授经于圣人，应改称先贤，位列70子之下。随即加以调整。自永乐十三年（1415年）会试天下举人于北京起，进士题名碑皆立于大成门下（正统年间曾一度移立于太学门外），始于永乐十三年的陈循榜，迄于崇祯十六年的杨廷鉴榜，共立碑76通。

此外，自嘉靖年间起，于皇宫内文华殿东室设圣师之祭，奉皇师伏羲氏、神农氏、轩辕氏，帝师陶唐氏、有虞氏，王师夏禹王、商汤王、周文王、周武王，九圣南向。左先圣周公，右先师孔子，各东、西向。每月春秋开讲前一日，皇帝拜跪，行释奠礼。在翰林院、詹事府及顺天府学内亦建孔庙。顺天府学在府治东南，今府学胡同。其地临近元大都城内柴市。宋臣文天祥因起兵抗元，被俘至大都城，浩然正气，英勇不屈，至元十九年（1283年）被杀于柴市。后建文丞相祠。其旁原有太和观，明初改为大兴县学。永乐年间迁都北京后又改为顺天府学，陆续建有明伦堂、斋舍、尊经阁、敬一亭及孔庙等。其大成殿面阔3间，两庑各5间，前有戟门及棂星门，自成一座两进院落。北京城内及其附郭大兴、宛平2县所属官民子弟凡不能入国子监学习者，皆可入顺天府学，不再另设县学。清代沿用此制。

6 黄盖庑顶

继明而起的清代为满族人所建立。清朝皇帝热衷于汉文化，大力推崇儒家思想，一再提高孔子的地位，京城孔庙的建制规格也不断升级，超过了以往任何朝代。

满族人原居黑龙江以东，明初迁至绥芬河流域，明政府于此设建州卫，册封满族人首领为指挥使，世代承袭。此后，满族人逐渐接受汉文化及儒家思想。明代中后期，满族人迁移至辽沈地区。清太祖努尔哈赤汉化程度颇深，他建立后金，攻占沈阳。后其子皇太极即位，于崇德元年（1636年）改国号清，正式称帝，并扩筑沈阳城，营建宫殿，改称盛京。与此同时，在城内东南隅兴建孔庙，派大学士范文程致祭。清世祖入迁北京后，以此"龙兴之地"为留都。康熙年间曾对孔庙加以修缮，并增建启圣祠。其旁为奉天府学，建有明伦堂等。乾隆年间又将皇宫制作的镈钟、特磬等运送至此，用为行释奠礼奏乐。乾隆皇帝及嘉庆皇帝曾先后来此巡幸，并写诗赞颂。

清朝统治者是庙、学并重。顺治元年（1644年）定都北京，即在原址重立国子监及孔庙。皇帝本人及皇太子也更加注意系统学习儒家经典。顺治十四年，在皇宫内设经筵以听讲授，祭先师孔子于弘德殿。康熙二十四年（1685年），又在文华殿东建传心殿，奉祀伏羲、神农、轩辕、尧、舜、禹、汤、文王、武王，以周公、孔子配享。先是在皇帝来经筵听讲前，遣大学士祭告；后又改为皇帝亲自祭告，行二跪六拜礼。皇太子春秋会讲，亦先祭告。雍正以后相沿行此礼。乾隆皇帝于临政之初，亲祭传心殿；60年归政，再临传心殿亲祭。

99

　　清初国子监遵循明代旧制。后因就学者日增，至雍正年间又在国子监南方家胡同兴建南学，在安定门大街圆恩寺胡同、西四牌楼北祖家街、朝阳门内南小街新鲜胡同、东单牌楼观音寺胡同象鼻坑、阜成门内南巡捕厅胡同西口、宣武门内头发胡同、东四牌楼南新开路、西单牌楼甘石桥东斜街等地设八旗官学，皆隶属国子监。有琉球及俄罗斯等国学生入监读书。顺治、康熙、雍正皇帝俱曾亲临彝伦堂讲书。康熙皇帝还亲题"彝伦堂"匾额。乾隆四十八年（1783年），于彝伦堂前营建辟雍，乾隆皇帝作御制碑文，又御制《三老五更说》，认为所谓养三老五更于辟雍乃穿凿之论，即建辟雍不必养三老五更等。辟雍建成后，既不养老，也不行礼观射、祭孔子于此，只是皇帝偶尔亲临讲论。可见并非完全效行古法，只是取其名义形制而已。其外为圜河，四面建白石桥，中叠石为方基，基上建辟雍殿7楹，重檐四坡顶，覆以黄琉璃瓦。四面设门，各出陛阶6级。内设御座。殿前檐悬乾隆皇帝御书"辟雍"匾额，殿内横额"雅涵于乐"，楹联为：

　　　　金元明宅于兹，天邑万年今大备。
　　　　虞夏殷阙有间，周京四学古堪循。

辟雍前建黄色琉璃坊，南面题额"圜桥教泽"，北面题额"学海节观"。坊前即太学门，门内左置鼓亭、右置钟亭，由此而使国子监大为改观。不过，其辟雍、太学合而为一，似并不合于古制。

清初孔庙保持完好。后在顺治十四年（1657年）、雍正九年（1731年）曾加以修葺，一依明制。顺治二年（1645年），诏定称孔子为"大成至圣文宣先师"；春秋丁祭，派大学士1人行祭，翰林官2人分献，国子祭酒祭启圣祠；每月朔日（初一），国子祭酒行释菜礼，设酒、芹、枣、栗，先师、四配3献，十哲、两庑由国子监丞等分献；每月望日（十五日），由司业上香。顺治九年，清世祖亲临释奠。顺治十四年，给事中上书建议改称孔子为"至圣先师"，顺治皇帝同意。此后只称孔子为"至圣先师"，然并无贬低之意。康熙二十二年（1683年），康熙皇帝御书"万世师表"匾额悬于殿内，后为历朝皇帝所仿效。康熙二十五年，又御制《至圣先师孔子赞》，称"孔子之为万古一人也"，并刻成石碑立于庙门内东侧。康熙二十八年，再御制《四子赞》，称颂颜子、曾子、子思子、孟子，刻成石碑立于庙门内西侧。康熙二十九年、三十五年、三十六年，清圣祖三次亲征噶尔丹，粉碎准噶尔部对喀尔喀蒙古的侵扰。凯旋后，仿效古时于学宫"告克"之例，御制《平定朔漠告成太学文》，康熙四十三年刻石立于庙门内西侧。康熙五十一年，以朱熹昌明圣学，升列十哲之位；又以宋儒范仲淹从祀。

雍正元年（1723年），清世宗下诏追封孔子五代王爵，其五世祖木金父称肇圣王、四世祖祈父称裕圣王、三世祖防叔称诒圣王、祖父伯夏称昌圣王、父叔梁纥称启圣王，改启圣祠为崇圣祠。祠内以肇圣王居中，以下4王分列左右，俱南向。雍正二年，重新考定明嘉靖年间被罢祀者，恢复林放、蘧瑗、秦冉、颜何、郑康成、范宁为从祀，又增孔子弟子县亶、牧皮，孟子弟子乐正子、公都子、万章、公孙丑，汉儒诸葛亮，宋儒尹焞、魏了翁、黄幹、陈淳、何基、王柏、赵复，元儒金履祥、许谦、陈澔，明儒罗钦顺、蔡清，清儒陆陇其等20人为从祀。增宋张子迪入祀于崇圣祠。雍正四年八月，雍正皇帝亲临释奠，行礼二跪六拜，奠帛献爵，改立为跪，仍读祝文，不饮酒受胙。以尚书分献四配，侍郎分献十一哲（增朱熹）、两庑。在此以前，无春秋丁祭皇帝亲临行礼之例，此后成为定制。雍正五年，诏定八月二十七日先师诞辰日，官民军士致斋一日。雍正十一年又定皇帝亲祭仪，于香案前三上香。经此一系列改制，其礼仪规格较明代大为提高。雍正二年，平定和硕特部罗卜藏丹津叛乱，御制《平定青海告成太学文》，刻成石碑立于庙门内东侧。雍正六年再立御制《仲丁诣祭文庙诗》碑于庙门内西侧。其诗言：

> 扶植纲常百代陈，天将夫子觉斯民。
> 帝王师法成隆治，兆庶遵由臻至淳。
> 道统长垂今与古，文明共仰圣而神。
> 功能溯自生民后，地辟天开第一人。

表达了对孔子的无比崇仰之情。

乾隆年间，孔庙礼制进一步完善。先是乾隆二年（1737年）诏示将正殿及庙门屋顶改换黄琉璃瓦，将崇圣祠屋顶改换绿琉璃瓦，规格上又有所提高。为此，御制《临雍纪事文》，立碑于庙门内东侧。后又恢复元儒吴澄为从祀。乾隆三年，升有子列十一哲位，而成十二哲之数。此年丁祭，乾隆皇帝亲临释奠，从皇宫乘车而出，至庙门外下车，步入庙门，升阶入殿，三上香，行二跪六拜礼。上香奠献毕，三拜；亚献、终献皆三拜。而后，释奠用三献礼成为定制。乾隆皇帝御书殿内楹联：

气备四时，与天地鬼神日月合其德。
教垂万世，继尧舜禹汤文武作之师。

而后，乾隆皇帝又多次亲临释奠，并御制释奠诗。乾隆十八年，改正丁祭牲品，依阙里孔庙例用少牢。乾隆三十三年，再修孔庙（见图5），并诏谕：于孔庙大门（棂星门）增"先师庙"额，其正殿恢复"大成殿"、二门恢复"大成门"之称，亲书匾额，"以彰崇道尊师之至意"。又择内府所藏传世周代铜器牺尊、雷纹壶、子爵、内言卣、康侯鼎、盟簋、雷纹觚、召仲簋、素洗、牺首罍共10件颁置太学，陈列于大成殿中，用为礼器。乾隆皇帝认为，孔子志在遵循周制，庙中陈列周朝法物，于义相合。此谕旨后刻碑立于大成门外。另御制《重修文庙记》，刻碑立于大成门内东侧。大成殿内又增一副御书楹联：

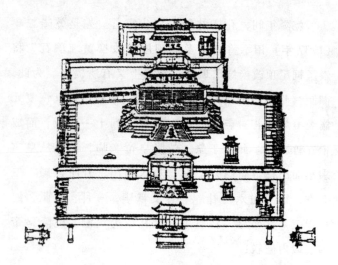

图5　北京孔庙图

（据《古今图书集成》）

齐家治国平天下，信斯言也，布在方策。

率性修道致中和，得其门者，譬之宫墙。

至此，孔庙殿门又得以"大成"为其专名。明嘉靖年间出现的一次逆转，全部被反正，并大有过之。后在乾隆五十五年，因大成门内所陈列石鼓剥蚀过甚，文字模糊，故命仿制重刻，再列于此，而将原物收藏。为此，又御制《集石鼓所有文成十章制鼓重刻序》，刻石立于门左；将清代大书法家张照草书韩愈《石鼓歌》刻石立于门右。乾隆五十六年，命和珅、王杰为总裁，彭元瑞、刘墉具体负责将蒋衡手书十三经考订、刻石。蒋衡为江苏金坛贡生，雍正年间游历西安，见到唐《开成石经》众手杂书，引以为憾，便发愤自书一部十三经。自雍正四年（1726）开始，至乾隆二年（1737年）完成，历时12年，包括《周易》、《尚书》、《诗经》、《周礼》、《仪礼》、《礼记》、《春秋左传》、《春秋公羊传》、《春秋穀梁传》、《论语》、《孝经》、《孟子》、《尔雅》等，共约63万字，均出于一人手笔，字迹工整，一丝不苟。乾隆五年，由江南河道总督高斌转献于朝廷。至此始刻石，于乾隆五十九年刻成，立碑于国子监东、西6堂，共189通；加上"御制告成"碑，共190通，后世称《乾隆石经》。

乾隆皇帝在位期间，曾多次用兵统一疆土，先后平定大小金川、准噶尔及大小和卓之乱等。凯旋后，于乾隆十四年御制《平定金川告成太学文》、乾隆二十二年御制《平定准噶尔告成太学文》、乾隆二十四年御制《平定回部告成太学文》、乾隆四十一年御制《平定两金川告成太学文》，各刻石碑分列大成门内两侧。后道光皇帝用兵平定回部张格尔叛乱，于道光九年（1829年）御制《平定回疆告成太学文》，刻石立碑于大成门外。至此，大成门内外明清御制碑增为14通，皆建碑亭。

自顺治三年（1646年）开科取士，至光绪三十年（1904年）最末一科，又有118通进士题名碑立于大成门外，使元明清三代所存碑总数增至198通，共记载51624名进士的姓名、籍贯及名次。其最末一通进士题名碑在第二甲第三排第十名位上刻有"沈钧儒，浙江秀水人"。后沈钧儒成为近现代史上著名的爱国民主人士。

　　道光年间以后，孔庙内又陆续增刘宗周、汤斌、黄道周、陆贽、吕坤、孙奇逢、文天祥、谢良佐、公明仪、李纲、韩琦、公孙侨、陆秀夫、曹端、毛亨、吕柟、方孝孺、袁燮、张履祥、陆世仪、许慎、刘德、张伯行、辅广、游酢、吕大临、王夫之、黄宗羲、顾炎武为从祀。增孔子兄孟皮从祀于崇圣祠。

　　光绪三十二年（1906 年），祭孔祀典升为大祀。此议由来已久，而且经康熙、雍正、乾隆三朝步步升级，实际上已经基本上达到了大祀的规格，唯在孔庙建制方面有较大差距。光绪三十四年，定孔庙大成殿建制为"九楹、三阶、五陛"（正殿面阔 9 间，下为 3 层台基，前出 5 道石阶），并开始重修。不久，清朝被推翻，工程继续进行，直至 1916 年告竣。建成后，大成殿由原面阔 7 间、进深 3 间，改为面阔 9 间、进深 5 间，重檐庑殿式（殿顶四坡五脊），覆以黄琉璃瓦。但台阶并未改为 3 层 5 出，故尚不能说是完全合于大祀礼制。殿内陈列祭器为铜制，原有爵三，登一，簠、簋二，笾，豆十，筐、俎、尊各一，铏二。升大祀后，增笾、豆为十二，爵改为玉制。其笾为竹编加漆，各盛以形盐、薧鱼（干鱼）、枣、栗、榛、菱、芡、鹿脯、白饼、黑饼、糗（意干粮）饵、粉粢（意米饼）。豆为木制加漆，各盛以韭菹（腌菜）、醓醢（肉酱）、菁（菜名）菹、鹿醢、芹菹、兔醢、笋菹、鱼醢、脾析、豚拍、酏（稀粥）食、糁（饭粒）食。簠盛稻粱，簋盛黍稷，登盛太羹（煮肉不加五味），铏盛和羹（煮肉加五味）。爵内盛酒。俎即长方形木盘，分为 3

格，祭祀时分别盛牛、羊、猪。笾为长方形竹盒，祭祀时置白帛于内。各种祭器均置于孔子神位前案上，案前设俎，俎前设香案及五供（炉一、烛台二、花瓶二）。五供两侧各设尊桌一，祭祀时左侧尊右前方设祝案，置祝版。四配、十二哲及两庑从祀者陈列祭器依次递减。祭祀时用八佾乐舞，并增武舞。文舞右手执羽、左手执龠，武舞左手执干（盾牌）、右手执戚（斧），行初献、亚献、终献各起舞。行释奠礼，皇帝亲临，入殿中三跪九拜。如皇帝不能到场，便遣亲王代祭，拜于檐下。祭日寅时（晨 3 时）行礼。依古时礼制，大祀只行于天地、太庙、社稷，将祭孔祀典升为大祀，是一种最高的礼遇。不过，即使孔庙的祭祀不升为大祀，无皇帝亲临，在丁祭之日的黎明之前，自京都至全国各地，学子们齐集孔庙，差不多在同一时间向孔子拜祭，其场面也是颇为壮观的。

民国时期，孔庙一如旧观，只将原来悬挂于大成殿内自康熙至宣统九代皇帝御书匾额取下，换上民国初年大总统黎元洪手书"道洽大同"匾额。时至今日，北京国子监孔庙已修缮一新，大成殿内恢复了清末原状陈列；《乾隆石经》移至孔庙与国子监之间夹道，加盖屋顶，妥为保护。它作为历代京城中历时最久（近700 年）、规模最大、等级最高，且是唯一保存至今的孔庙，正日益受到人们的重视。

三
京城孔庙

四　地方孔庙

　　如果说孔庙立于曲阜象征孔子生命力的直接延续，孔庙立于京城标志孔子历史地位的提高，那么孔庙立于各地府州县学，则表明孔子思想被普遍接受。地方孔庙兴起于汉唐之间。这固然与皇帝的倡导、督令有关，但许多学人就任地方官后热衷此道，也起了很大的推动作用。一些著名文人学者如韩愈、司马光等还亲为孔庙撰写碑文。由于府州县治所在地相对稳定，不像京都所在往往随改朝换代而迁移，历代孔庙前后相沿，形成了一大批历史悠久、形制布局大体相同而又各具特色的千年古庙。

　府州县学庙

　　地方兴学立庙起于汉初。汉景帝时，庐江人文翁为蜀郡守（郡治在今四川成都。郡为汉代最高一级地方行政机构，郡守为一郡之长）。他见当地文化落后，便行教兴学。先从郡县官吏中选出 10 余名聪明有才者，送往京都长安，跟随博士就学，以特产蜀刀、蜀布赠予博士。学成后回蜀，皆委以重任。后又在成都大城西南隅创建学舍，称文学精舍，招收城内及郊区子弟入学，免除其徭役，并给予诸多礼遇，使民以学为荣，社会风气大为好转。汉武帝即位后，见文翁兴学行之有效，便推而广之，令全国各地皆建学校。文翁所创建学舍后为成都府学所沿，大致在今石室中学（原有孔庙）附近。讲堂以石修造，其东面建周公礼殿，内置周公石像，取席地而坐式。此时儒学尚未独尊，故拜祭周公。东汉建武十年（公元 34 年），益州太守文参又对学舍加以扩建。汉献帝时发生火灾，兴平元年（194 年），益州太守高联重修学舍及周公礼殿，并撰文记此事刻于礼殿楹柱。汉明帝诏示天下学校"皆祀圣师周公、孔子"以后，又增加孔子石像，仍取席地而坐式。后又改为画像。因原为拜祭周公而建，故沿称周公礼殿。唐代追封孔子为文宣王后，在此专供奉孔子神位，改称文宣王庙，另建庙奉祀周公。宋高宗曾以御书"大成殿"匾额赐成都府学。为褒其兴学立庙之功，宋代成都孔庙内曾以文翁、高联从祀。此外，晋时庾亮在武昌兴学，南朝梁时萧绎（即梁元帝）在荆州立庙等，也都为世所称道。

各地兴立较早的孔庙中还有一些是孔子后裔所建。在河南苦县（今河南鹿邑县）老子故里所立老子庙庭中，有孔畴所建孔庙。其位于老子庙屋之南东侧，面向朝西。庙屋前立碑题写"建和三年立"。汉桓帝建和三年为公元 149 年，其时孔畴为陈国之相。之所以立孔庙于此地老子庙前东侧，当是考虑到孔子当年曾问学于老子。又在河内野王县（今河南沁阳县）建有孔庙。北魏孝文帝太和元年（477年），孔灵度等以旧宇毁落，上书请求修复。野王县令范众爱、河内太守元真等大力支持。竣工后立碑于庭。这次修复，当是孔子后裔迁居太行山下，追思圣祖，故立庙以祭祀。如果考虑到孔子弟子子夏曾于西河之地教授传经，为魏文侯师，使孔子学说很早就在三晋地区传播，则此孔庙为晋人特别是为子夏一派学人所立也并非没有可能。如此，它应当具有学庙性质，初立时间亦可上溯至战国时期。而后为在洛阳一带做官的孔子后裔所继承奉祀，至太和年间又予以重修。

有关汉魏至南北朝时期各地兴立孔庙的记载不多见。就以上所举几例可以看出，这一时期地方学校虽已普遍奉祀孔子，但孔庙设置似不很规范，或孔子与周公同庙，或孔子单独立庙，甚而还有以孔子从祀于老子者，带有很大的随意性。

隋唐时期，各州、县学均立孔庙。唐朝开元年间颁行释奠礼仪，对祭日、祭前致斋、主祭参祭者（州以首官刺史为初献，辅官上佐为亚献，博士为终献；县以首官县令为初献，辅官县丞为亚献，主簿、县尉为终献）、庙内陈设（略低于京城国子监规格）、拜祭仪式等加以明确规定，又令为孔子单独立庙，神位面向朝南，以孔子弟子及先儒从祀，从而使孔庙设置及祭祀活动走上规范化，为后世所长期沿用。唐代宗大历二年（767年），扶风（今陕西扶风）县尉袁弁重修孔庙。根据程浩撰写的《扶风夫子庙记》的记载，可知其形制为外围墙垣，南面设门，中有院庭，植种柏树。殿堂内墙壁上绘以画像，孔子像居中南向，十哲及孟子像分列东、西。祭日在诸神位前陈列牲物，笾、豆等祭器略有等差而总计繁多。唐宪宗元和十三年（818年），处州（今浙江丽水）刺史李繇新建孔庙，于殿内置孔子及十哲塑像，其余弟子、孟子及汉儒像绘画于墙壁。庙建成后，请国子祭酒韩愈撰写碑文。

宋代地方孔庙进一步发展，规模扩大，建筑宏伟。其中有一些孔庙经不断修缮，保持至今。山西闻喜孔庙于宋真宗咸平元年（998年）由县令慈卿创建，位于闻喜城内东北隅，方圆约1公里，中为正殿，左右建讲堂、斋舍，院内林木苍郁，环境优雅。宋仁宗至和二年（1055年）重建后，司马光撰写了碑文。明州（今浙江宁波）孔庙创建于唐德宗贞元四年（788年），宋真宗天禧二年（1018年）移建于城东，后建庙学，兴盛一时，人称其"夫子庙学甲东浙"。北宋末年毁于战火，唯大成殿独存。州人林昉首捐金钱数十万，于南宋初年重建庙学，其规模达方圆数百尺。前为学门3间；内为泮水池，周砌以砖石；泮水池西有仓廒（意仓库），东原建魁星楼，后改建宾序5间；池北为仪门；门内正中为大成殿5间，东、西为从祀廊22间；殿后为明伦堂36间，两侧建学舍10斋；明伦堂后建稽古堂即藏书楼，后改称尊经阁；尊经阁左、右各建先贤祠及九先生祠，奉祀乡里贤达；另在东夹廊之东建养蒙堂，作为启蒙教育之所。学门外原为射圃，后改建教授厅等；正南置棂星门，门临街巷，立东、西牌坊各一座。由此可知，这一时期南北各地均行庙、学合一制，或取左、中、右三路布局，或取南北一字形布局。不论何种布局，皆以大成殿为中心建筑；与京都如南宋临安城国子监内居中设皇帝御位等，孔庙建于旁侧明显不同。明州城内有鄞县附郭（县治设在城内），另设县学，内建孔庙，只是规模略小。明州属县昌国（今舟山群岛定海县）居治海岛，亦置庙、学，屡加修葺。嘉定年间增修后，袁燮撰文载其事。其取左中右三路布局。中路前为大成殿，后为讲堂；斋序分列左右。另有嘉定（今上海嘉定县）孔庙（始建于嘉定十二年，即1219年）、岳州（今湖南岳阳）孔庙（始建于庆历六年，即1046年）等，也都远近驰名，相沿至今。岳州孔庙大成殿内金柱及木质柱础等为宋时原物，是古代建筑史研究中不可多得的实物资料。

与宋对峙的辽、金二国统治者也很重视兴庙立学，除诏示在他们各自的发源地创建孔庙外，还注意修复被其所征服的汉文化地区的原有庙、学。山西平遥县学即重建于金大定三年（宋孝宗隆兴元年，公元1163年）。其大成殿面阔、进深均为5间，平面近方形；殿前露台宽敞，周以石栏围护；殿内以减柱法构建，空间广阔；藻井用小型斗拱叠架而成，体形规整，制作精巧。迄今所知宋金时期建造的大成殿整体结构保存完好者仅见此例。大成殿前建东、西廊庑，后建明伦堂、尊经阁等；左为东学、右为西学。一些汉化程度较深的女真族官吏不仅自己虔诚地拜谒孔庙，而且力求用儒家的伦理道德观念教化民众，很有成效。如蒲察郑留于大定年间考中进士后为官有道，升为顺义军节度使，驻朔州（今山西朔县）。西京大同府（今山西大同）人李安兄弟争财，府尹、县令均不能裁决。按察司移交蒲察郑留审理此案。他不急于求成，李安兄弟前来，只是命人安排住处，要其耐心等待。一个月后，蒲察郑留率众官员去州学孔庙行释奠礼，带上李安兄弟。拜祭完毕，又引李安兄弟至州学斋舍，与诸生按年龄大小排坐，饮酒谈论古今孝悌友爱事例，终于使李安兄弟翻然感悟，当面称谢说："节使父母也，誓不复争！"于是相让而归。朔州之地一直多盗，经蒲察郑留治理感化，竟使"狱空"。

元代，孔庙分布地区继续向北、向南扩展。在今内蒙古自治区所残存的应昌路、集宁路、净州路、亦集乃路等城址中均发现有孔庙遗址及相关文物。

应昌路城址在今克什克腾旗达里诺尔湖西岸，为弘吉剌部鲁王居所。城东西宽 650 米，南北长 800 米，王府位于中央。东南隅发现一处院落遗址，东西宽 50 米，南北长 65 米，有正殿及配房等建筑基址，存残碑一通，碑首篆刻"应昌路新建儒学记"，故可判定为孔庙所在。

集宁路城址在今察哈尔右翼前旗巴彦塔拉乡土城子村北，为汪古部赵王所属。城东西宽 1000 米，南北长 1100 米。内城位于东北部，正中央为一处院落遗址，长宽各约 60 米，院墙用夯土修筑。院中央为一座建筑基址，基址前树立"文宣王庙学碑"一通。碑文刻有大德十一年加封孔子制诏,并记:"至大三年正月赵王钧旨出帑币……建立大成至圣文宣王庙学碑。"

净州路城址位于今四子王旗卜子村,亦为赵王所属。城略呈方形,边长 800 余米。城内西南隅有一院落遗址,原立石碑一通,碑阳刻有大德十一年加封孔子制诏,碑阴刻有"净州路总管府,大德十一年七月立"等款识。

亦集乃路城址位于今额济纳旗东南黑城,是将原西夏黑水城扩展修筑而成,东西宽 384 米,南北长 434 米。城内出土文书中发现一件该路儒学教授接收前任移交物品的清单,载明有"孔庙一座,门窗俱全。高卓(桌)儿三十张"等。还发现有《论语》、《孟子》等印本书籍及《论语》、《周易》等抄本。可知有 30 名子弟在此路学学习儒家经典。另发现残漆盘数件,底部朱书"上牢"等字的款识,应当是祭拜孔庙的专用礼器。

向南则扩展至云南地区。蒙古宪宗三年(宋理宗宝祐元年,公元 1253 年),忽必烈率军攻入大理,灭段氏得西南之地,建立云南行省,下置府、路、州、县。其临安路治在通海(今云南建水县北),南为建水州(今建水县),筑城周长 3 公里。元世祖至元十七年(1280 年)置宣抚司,驻建水城。陈留人张立道任军民宣抚使时,书"清白"之训于公廨。他以身作则,使当地的社会风气发生了很大的变化。元泰定二年(1325 年)又创建州学于城西部,始立孔庙。明清时期以建水为府治,相沿为府学,仿曲阜孔庙布局扩建

府学孔庙，占地114亩，规模宏大，成为云南第一大
孔庙。其大成殿由20根青石柱支撑，殿前廊两根楹柱
上雕有云龙，气势飞动，技艺精湛。正门由23扇屏门
组成，木窗上雕刻近百种飞禽走兽图案，形态各异，
雕工细腻。如此规制在全国各地孔庙中实不多见。元
代，中国版图空前扩大，孔庙分布地域向北、南延展，
促进了儒家思想的传播。

　　明代各地孔庙的规模日趋扩大，注重雕饰。嘉靖
以后殿庑塑像改易木主，增建敬一亭、启圣祠等。安
庆府桐城（今安徽桐城）县学孔庙创建于洪武初年，
位于丁字街口，构成街衢端景。大成殿外形古朴，柱
梁简洁，别具一格。安顺（今贵州安顺）州学亦为洪
武初年始建，其大成殿两根石柱系镂空透雕，云龙一
鳞一爪一须均有细致的刻画，生动传神；大成门两根
石柱则颇具古朴苍劲之风。扬州府学位于扬州城北儒
林坊，明洪武年间由知府周福元按旧规重建；嘉靖年
间奉诏撤除塑像，改易木主；清雍正六年（1728年），
朱一凤、曾弘绪主持重修大成殿孔子及四配、十哲塑
像，设两庑增祀先贤先儒木主；孔子及四配、十哲形
象俱摹拟于曲阜阙里孔庙，力求肖真，历时3年方成，
从而使其成为极少见的安放有孔子塑像的孔庙之一。
广州府学位于广州城东南隅番山下，明洪武年间亦加
重修，益增其壮；大成殿后所建藏书楼云章阁，高近
20米；而后又建杏坛、燕居亭于番山北，自与众不同。
凉州（今甘肃武威）庙、学创建于明英宗正统二年
（1437年），位于城东南隅，总面积2.5万平方米；分

左中右三路布局，中为大成殿，后有尊经阁，西为学舍，东为文昌宫，壮伟宏耀，为陇右学宫之冠。广西恭城县学孔庙建于明成化十三年（1477 年），依山就势，高低错落，布局严谨，华丽壮观，具有岭南风格。固原（今宁夏固原）为"九边重镇"之一，又有"三边总制"驻节。原庙、学规模较小。明弘治十五年（1502 年），山东单县人进士秦纮总制三边军务，"修理孔庙以兴学，开拓城郭以安军。"他亲自选址于城中央重建庙、学，占地东西宽 80 余米，南北长 190 余米，取一字形排列。大成殿面阔 7 间，两庑各 25 间，殿后建明伦堂等。明穆宗隆庆年间又在大成殿之东增建尊经阁，上下三重。经明代的发展，地方孔庙的建制格局最终形成。

清代各地孔庙大多数因循于明代或有所扩建，注意时加修缮，保持庙貌完美。四川德阳孔庙经顺治、道光年间接连重修，占地达数十庙。大成殿面阔 7 间，红墙黄瓦，丹墀瑶阶；戟门五楹，前有泮池，横跨三拱桥；棂星门外立照壁连着万仞宫墙，为别处少见。福建泉州府学经乾隆二十六年（1761 年）大修，左学右庙悉皆一新。大成殿为重檐庑殿式，露台扶栏以青石浮雕莲花图案。大成门外露庭广阔，可容数千人。东部明伦堂前亦有露庭，中为方池，架设石桥，别具风格。福建安溪县学孔庙经重修后，大成殿面阔、进深各 3 间，重檐歇山式。殿内当心间的屋顶构造为如意斗拱交错重叠而成的穹窿形藻井，悬空倒挂，负荷梁架，相当别致，人称"安溪文庙冠八闽"。湖南永州孔庙建于乾隆四十年（1775年），其大成殿木横枋镂雕蟠龙，生动精细。殿前以汉白玉为楹柱。石阶前置放石狮、石象各一对，至今犹存。此外，在北部边远地区也陆续有庙、学兴建。清初，蒙古地区的归化城（今内蒙古呼和浩特）先以都统领兵镇守，雍正元年（1723年）增设归化城同知（州官之副），同时在城内修建孔庙。雍正五年于吉林（今吉林省吉林市）置永吉州。乾隆七年（1742年），知州魏士敏捐资，在吉林城东南隅建州学，同时修成孔庙，占地1.6万余平方米，大成殿、大成门等皆以黄琉璃瓦覆顶。乾隆二十年进讨新疆准噶尔部，平定后将其所居旧城改称迪化，后于城北建迪化新城（今乌鲁木齐），同时建文、武二庙，文庙即孔庙。乾隆三十四年建迪化州学。

民国以后，各地开始兴办新式学堂，但依旧拜祭孔子。大画家叶浅予在追忆民国初年于家乡浙江桐庐县读书和祭孔的情形时写道：

> 七岁那年上葆华小学，向孔夫子的牌位叩头。那牌位摆在太平老爷的脚下，我以为是拜太平老爷呢。进了紫霄观高小，隔墙就是孔庙。我们家叫文庙。学校有个旁门通孔庙，我们常进去玩。那大成殿比哪家庙的大雄宝殿都大。孔庙有大围墙，院子里的草长得老高，正门是连排三座木栅栏，平时老关着，不让人进出。大庙前有一口半圆形的池塘，叫做泮池。池水碧清，池里长满蕴草，养着鱼，不让人淘米洗菜。说这是孔子专用

的，谁也不许碰，池里的鱼不许钓。这一切都说明孔夫子是神圣不可侵犯的人物，是读书人的保护神。不知是哪一年哪一天，体育教师在全校选了64个人，说是为祭孔要成立个乐舞班。8个班，每班8个人，用4种步法跳4种舞，一面跳，一面唱，唱的什么什么"章"。我也被选进64人之中，运气不错，心里乐得什么似的。从那天起，下午4时练舞，晚上做舞具。按古礼，祭孔要以牛作牺牲，表示隆重。那天下午，孔庙外牵来一只老牛，正在杀。我们只见过杀猪，从未见过杀牛。我们都要求去看，老师便提早上课了。下课后，众人一哄而至庙前那片空地，只见牛已杀死，四脚被绑，正在剥皮。剥完皮，取出内脏，送进庙去，架在大成殿那副牺牲架上。这时大成殿聚着许多人，正在布置今晚备用的各种祭具，包括钟鼓类乐器。一打听，知道孔子生日是明天，祭典要在今晚午夜过后凌晨子时开始。我们乐舞生应在半夜集合，到大殿两廊配殿等候待命。这么说晚饭后还可睡一觉。等到上床，谁也睡不着，干脆起来到自修室翻书或做手工，好不容易熬到11点光景，体育教师吹哨集合，于是整队出发，进入孔庙。大庙灯火辉煌，两廊也有灯火。可惜的是，只听得大殿里人声喊喊喳喳，却看不见祭典的具体活动。做乐舞生，只好规规矩矩站好队形，注意殿内发出号令，叫奏什么乐，就走什么步。经历了这一番祭孔大典，好像当演员演了一

场戏，让人家看了，可是没看见人家在大殿里的表现，心里觉着有点遗憾。（《老笔忆童年》，见1994年4月6日《光明日报》）

1919年，山东临淄县重修孔庙，次年告竣。丁祭之日，由县知事主祭。当年所修《临淄县志》详写其盛况，与上述略同。时至今日，各地孔庙除一部分保持旧貌外，大部分已改为他用。

 书院孔庙

宋元时期，书院讲学之风盛行。各地书院（或称精舍）多由私人创办，建于山林僻静之处，讲授儒家经典与程朱理学。各书院掌教者称山长或洞主、堂长。后来书院被官方认可，山长成为朝廷命官。宋太宗（976～997年）曾赐九经于白鹿洞书院，赐给石鼓书院、太室书院（即嵩阳书院）匾额；宋真宗（998～1022年）曾赐给应天府（今河南商丘）书院、岳麓书院匾额等。后以白鹿、石鼓、岳麓、嵩阳为四大书院。当时，各书院均立孔庙。明代因东林书院等师生讲习之余"往往讽议朝政"，书院屡遭禁毁。清代书院空前发展，全国达1900余所，边远地区亦设书院。

白鹿洞书院位于庐山五老峰下。四面环山，一水中流，泉清石秀，环境幽雅。原为唐代洛阳人李渤、李涉兄弟隐居读书处。李渤养一白鹿，经常随行，人称白鹿先生。后李渤为江州刺史，又于此修建台榭，号为白鹿洞，常有高雅之士来此讲读经书。五代南唐昇元年间在此地建庐山国学。宋初改为白鹿洞书院，咸平年间（998～1003 年）塑造礼殿中孔子及群弟子像。后毁于兵火。南宋淳熙六年（1179 年），朱熹知南康（今江西星子县）军，重建书院。曾为《白鹿洞书院揭示》，规定五教之目：

父子有亲，君臣有义，夫妇有别，长幼有序，朋友有信。

为学之序：

博学之，审问之，谨思之，明辨之，笃行之。

修身之要：

言忠信，行笃敬。惩忿窒欲，迁善改过。

处事之要：

正其义不谋其利，明其道不计其功。

接物之要：

己所不欲，勿施于人。行有不得，反求诸己。

其又称《白鹿洞学规》，都取自儒家经典，后广为各地书院所奉行。朱熹还著《白鹿洞礼殿塑像说》，认为应效法古制，将孔子及群弟子塑像改为席地跪坐式。因不合时俗，未被采纳。该书院元代一度沦废。明清时期复兴，陆续增建，达方圆约5公里。出星子城北门而行，首见"白鹿洞书院"牌坊；后西行里许，为古国学坊；又前过流芳桥，为教乐地坊；转西北行，过枕流桥，至独对亭，便来到书院。书院内，孔庙居中，南向。前为牌坊，中为泮池，后为礼圣门。门内大成殿为一重5间建制，内有清康熙年间重塑孔子及四配、十哲像；殿前两庑供奉先贤先儒，皆为木主。大成殿西为崇圣祠，庭院有朱子手植桂树。崇圣祠西为报功祠，奉祀历代有功于洞学者如李渤等45人。报功祠西为邵子祠，奉祀邵雍及其后裔在江西为官者。大成殿东为朱子祠，奉祀朱熹。前有御书阁。朱子祠东为紫阳书院，建有延宾馆、川堂等。紫阳书院东为崇德祠，奉祀历代名隐如陶渊明等。崇德祠东为先贤书院，建有文会堂、春风楼等。后山洞中有石鹿。其部分殿堂保存至今。在历代所建书院孔庙中，以白鹿洞孔庙规制最为完备。

朱熹又曾在福建建阳创立沧洲精舍，亦设孔庙，并著《沧洲精舍释菜仪》。其殿内孔子塑像南向，配位西向，从祀位东、西向。行释菜礼时，各于神位前置一笾（盛以脯果）、一豆（盛以笋菜）。先上香，再致酒，后读祝文，皆再拜。仪式较为简单。春秋丁祭行释奠礼，当隆重一些。

　　石鼓书院位于今湖南衡阳县北 1 公里石鼓山。唐代在此建寻真观。唐宪宗元和年间（806～820 年），当地人李宽读书其中。宋初在故址建书院。南宋时又重建，朱熹等曾来此讲学。院内有石鼓，高 2 米余。石鼓前建孔子燕居殿，以奉祀孔子。殿后建韩愈（曾被贬寓此）、周敦颐、朱熹、张栻等祠堂。清代重修，今仅存遗迹。其石鼓可自发出响声，传说鼓鸣则有兵革之事起。石鼓山峻峭耸拔，风景宜人，有"湖南第一胜地"之称。

　　岳麓书院位于今湖南长沙岳麓山下，东临湘江。北宋太祖开宝九年（976 年），潭州太守朱洞创建。南宋时理学家张栻、朱熹曾先后来此教授，四方来学者几千人，人称"潇湘洙泗"。朱熹手书"忠孝廉节"四字，后刻石置于书院前厅左右两壁。至清代，又有乾隆皇帝赐"道南正脉"匾额，刻于江边石坊。书院依山势坐西朝东。孔庙原建于前部。元代重建，前为礼殿，旁为四斋，左为诸贤祠，右为百泉轩，后为讲堂，堂之后为尊经阁，阁后为极高明亭。明代扩建，移讲堂等于孔庙之南。弘治年间又改门路向，开泮池、棂星门，使孔庙在北部自成一座院落。清康熙年间重修，保存至今。其大成门与大成殿均为 3 间建制，面向朝东，正合于朱熹所倡。此外，还建有专祀朱熹、张栻及曾于此传授道学的理学家的朱张祠、崇道祠等。

　　嵩阳书院位于今河南登封嵩山之南。北魏时在此建嵩阳寺，隋唐时又改为嵩阳观。五代后周始置书院，初名太乙书院。北宋至道年间赐名太室书院。景祐年间重修，更名嵩阳书院，内建孔庙。理学家程颢、程颐曾在此讲学，师从者达数百人。明代建二程子祠。清代又在藏书楼前建道统祠。奉祀尧、禹、周公。院内原有古柏3株，称大将军、二将军、三将军。相传为汉武帝游嵩岳时所封。明末，三将军柏毁于火。今所存2株：大将军柏周围长约6米，二将军柏周围长约15米，高大挺拔，堪称一绝。

东林书院位于无锡城东隅。北宋时杨时聚徒讲学于此，后即以这个地方为书院。元代沦废。明万历年间，吏部文选司朗中顾宪成革职还乡，重建书院。门前建坊，入门依次为丽泽堂、依庸堂（讲堂）。后有燕居门，内有中和堂，奉祀孔子木主，东西两楼收藏祭器、书籍等。另在书院之东建道南祠，以祀杨时等。当时，宦官专权，吏治腐败。顾宪成及其后继者高攀龙等讲学之余，评议朝政，"远近名贤同声相应，天下学者咸以东林为归。"人称东林党。天启年间，宦官魏忠贤专权，禁毁书院，陷害东林党人。清代重建东林书院，先后重修燕居堂，以奉祀孔子，一如旧制。于道南祠又增祀顾宪成、高攀龙等。

清代书院的设立已扩展到边远地区，如在东北铁岭县有银冈书院。顺治年间当地人郝浴卜居铁岭城南门内西侧，筑格物致知堂以聚徒讲学，内立孔庙。其时铁岭县学已废，丁祭之日，全县读书人遂来此行释奠礼。康熙年间于城东南隅重建县学及孔庙，银冈书院一度沦废。然不久即重建，并于格物致知堂奉祀郝公。

书院孔庙自有特点。它不像府州县学庙那样整齐划一；而是依据书院的规模及其所处的地理环境等，或大或小，或居于中央，或偏在一方，甚而只辟一堂。奉祀孔子的殿堂或称大成殿，或仅称礼殿，也有的称燕居堂、中和堂等。但不管怎样，它所表达的敬重孔子的心境是一致的。书院孔庙多建于山林之间，由此而又增添了其空间分布的网点。

 衢州孔氏家庙

在全国各地诸孔庙中，浙江衢州孔氏南宗所奉祀的孔庙颇引人注目。

北宋末年，金兵南侵，宋高宗建立南宋王朝。高宗建炎二年（1128 年），孔子四十八世孙衍圣公孔端友离仙源（即曲阜）去扬州陪祀，而后即寄居衢州，是为孔氏南宗，与在曲阜的孔氏北宗（为金朝所封）相对。孔端友死后，因无子，由其弟孔端操的第 4 子孔玠承袭南宋朝所封衍圣公，后又传孔搢、孔文选、孔万春、孔洙，共 6 代。元灭宋后，为结束南、北二宗对立的局面，元世祖忽必烈于至元十九年（1282 年）召孔洙入朝，欲使其返居曲阜奉祀孔庙。孔洙以"先世庙墓在衢"，不愿弃家而去，并力请将衍圣公爵位让于在曲阜的族弟孔治。元世祖只好免去其衍圣公封号，特授国子祭酒，让他"归守江南庙祀"。于是，孔子后裔分为南、北两大脉系。后子孙繁衍，无所统系。明弘治十八年（1505 年）知州沈杰奏请皇上恩准，以孔端友嫡孙一人世袭五经博士，主祭祀。于是，自孔彦绳后承袭有绪，相沿至清末。

衢州孔氏南宗所奉祀孔庙前后数次迁徙。绍兴六年（1136 年），宋高宗诏示，权以衢州学庙为孔氏家庙。此庙在衢州城西部，为建炎二年草建而成，仅有礼殿 3 间，屋顶覆以茅草。绍兴八年（1138 年），又赐衍圣公孔玠衢州田 5 顷，以奉先圣祠事。孔端友从曲阜带来的孔子及夫人并官氏楷木雕像当即供奉在礼殿内。另立"先圣遗像"石碑一通，当是摹自杭州万松岭敷文书院圣像碑。

宋理宗宝祐三年（1255 年），听从知州孙子秀之请，诏令在衢州城外东北菱湖附近营建专祀孔庙，一如曲阜旧制。其大成殿、后寝殿及东西廊庑等计 200 余间，外围以墙垣，盛极一时。后不幸毁于兵寇。

元初又迁回衢州城内南部重建，规模缩小，除前殿、后寝外，还建有书楼等，由孔洙及其后裔专祀。至正十九年（1359 年）朱元璋攻取衢州，以王恺治事，对孔庙重加修葺。

明永乐初年，礼部尚书胡濙路过衢州，认为孔庙规制太小，于是奏请皇上恩准迁于崇文坊重建。至弘治初年，衢州知府张俊又重加修缮。后再迁于城北，嘉靖年间在此旧址改建启圣祠。

明武宗正德十五年（1520 年），孔端友之后博士孔承美认为崇文坊庙基浅狭，请求巡按御史唐凤仪迁建孔庙于西安县学旧址（正德十四年县学迁于宋贡院旧址），位于衢州城北部，即今新桥街址。

孔庙建成后，谢迁撰文记其事。庙前临街，建二牌坊，左题"德配天地"（乾隆年间改为"德侔天地"），右题"道冠古今"（乾隆年间改为"道贯古今"）。门前为照壁，庙门后为仪门。院内大成殿居中央，为5间重檐，内供奉孔子等塑像，外有露台；旁为两庑；殿后建思鲁阁，上下两层，以置放孔端友南渡时所带来的孔子及并官氏楷木雕像（后又将原雕像移奉阁上，重为塑像于阁下），阁前立先圣遗像石碑。依照旧制，大成殿后应当建寝殿，以供奉并官氏。而这次改建思鲁阁，供奉来自鲁地的孔子及并官氏楷木雕像，似也并不违于礼制，又可使人睹物思情。思鲁阁遂成为孔氏南宗所奉祀孔庙独有的建筑物。大成殿西为廨署，居世袭博士，门题"孔氏正宗"，内建圣泽楼等。以后博士仍居城北菱湖。大成殿东后又建启圣祠，门题"圣泽流长"。前为报功祠及池塘等。清代曾多次重修，均依旧制，只有道光年间改建思鲁阁于庙院西北隅。此庙至今大部分保存完好，为全国仅次于曲阜孔庙的第二大孔氏家庙。其他各地孔氏支族聚居之地亦多设孔庙，只是规模较小。

衢州城内原无孔氏家学。明嘉靖年间于城南东岳庙废址创办孔氏家塾，以教诲孔氏子弟。清代又以孔庙东厅为承启家塾。

衢州学庙创建于唐代，位于城西部，历代相沿，数次毁于战乱。南宋时期权为孔氏家庙。元代为衢州路学。明清时期为衢州府学，陆续扩建，形成左庙右学之制。大成殿面阔5间，后建明伦堂、尊经阁。有

西安县附郭，县学址屡迁，最后迁建于城西北部原祥
符寺址。原城北旧县学址后来为孔氏家庙沿用。

衢州孔氏家庙原为南北分裂的产物，除在南宋末
期曾一度修造得很大外，元代以后历次兴建均维持较
小的规模。它不同于一般州县学庙，而为孔氏南宗专
祀，对于南宗支系虽可起到一定程度的维系作用，但
却始终未曾为各地孔氏所共宗，更不为天下学人所共
祖。这主要不是因为元代以后取消了孔氏南宗的衍圣
公封号，而是由于它不建在孔子故里，非孔子本庙。
人原本是自然化育之物，每一个个体都与其出生地有
着天然的特殊的联系。原始先民们对这一点具有本能
的意识。古时盛行一种在人死以后按照一定程序将其
灵魂送归故土的习俗（至今在一些边远土著居民中尚
保存此一习俗），以表示向自然母体回归。依此看来，
将对逝者的纪念物选建在其故里是最有意义的。孔子
为天下所宗，各地建庙成千上万，却只能看做是曲阜
本庙的延伸或陪衬，而对曲阜本庙永远无法取而代之。

 4 苏州文庙

今江苏苏州以水城闻名于世，风景秀丽，人文荟
萃，府学文庙为江南之冠。

周敬王六年（公元前 514 年），吴王阖闾即位，委
派伍子胥营建国都。伍子胥原为楚臣，于是就仿造楚
都郢城（今湖北江陵北纪南城址）建造了吴城。此城
规模宏大，周长 37 余里；平面呈亚字形，四面开水

门、陆门各8座，两两相对，连通城内外水道、陆道，相互交叉成井字形；宫城位居中央，后世相沿，陆续有所扩建或改建，但其基本格局大体保持不变。在吴城兴造以前，曾有阖闾的叔父季札北上中原，至鲁城请观周乐，对开化吴地风气应该有所影响。隋唐时期改称苏州。北宋末年，升苏州为平江府。元代改为平江路。明清时期又改称苏州府。

苏州学庙始建于唐代，原在城东南，地势低洼，庙制狭小。宋初相沿，《祥符图经》记："子城东南有文宣王庙。"其子城（衙署所在）在今苏州城内大公园一带。至景祐二年（1035年），由知州范仲淹改建于今人民路址。

范仲淹为苏州人，少年时代家境贫寒，刻苦自学，后考中进士，在朝为官。后因事被贬，于景祐元年（1034年）回乡任职。他原想择址建宅，买下南园东南角的一块地。南园位于子城西南，原为五代吴越时广陵王钱元璙的园林，占地辽阔，内积土为山，引流为沼，广建亭台楼阁。东南角一带地势高显，风水先生给他相地说：这是一块卧龙潜伏之地，如果兴建居宅，将来子孙可以科甲不断。范仲淹听了以后说：既然这块地方这么好，那倒不如在此兴办学校，让它源源不断地培养出有用的人才，岂不比我一家出几个贵人更好吗？于是就决定迁建州学于此。朱长文所撰《修学记》记载：广殿在左，公堂在右。前有泮池，旁有斋室。由此奠定了东庙西学的格局。其泮池位于公堂之前，旁建斋室10舍。当时学生只有20余人，有

128

人说学舍房屋太多了，范仲淹却说："我还怕以后嫌小呢！"他请很有声望的学者胡瑗来此任教。胡瑗订下严密的校规，学生多不能遵守。范仲淹得知后，就将长子范纯祐送入学校，告诫他带头遵守校规。这样，一人带头，"诸生随之，遂不敢犯。"学校风气大变。不久，范仲淹离乡他任，其后继者亦多关心庙学建设。嘉祐年间，富严建六经阁（藏书楼）于公堂之南；熙宁年间，李绖扩建墙垣；元祐年间，因来学者日众，主教事者朱长文又增修斋舍，使之总计达 150 间，并立范仲淹、胡瑗二公祠堂，为一时之盛。

北宋末年，庙学毁于兵火。南宋初年，先修葺学舍，暂用斋室奉祀孔子。绍兴十一年（1141 年），梁汝嘉重建大成殿，而后，王晚绘两庑画像、建讲堂。乾道年间（1165～1174 年），姚宪辟正路、疏泮池；邱宷（同崇）建传道堂、直庐。淳熙年间，韩彦古作仰高、采芹二亭；赵彦操在六经阁废址建御书阁 3 层，高 60 尺，长 75 尺，藏宋高宗手书六经石刻；又于堂左建五贤堂，奉祀陆贽、范仲淹、范纯礼、胡瑗、朱长文。宋理宗绍定年间（1228～1233 年），江泰亨等予以全面修缮，使屋舍达 750 间。吴潜《修学记》称："于是吴学益奂然甲东南矣。"而后又陆续在御书阁后建成德堂，在庙学之北南园故丘建道山亭等。今苏州文庙内藏有南宋末年所刻《平江图》碑，其所标绘的府学图即为这一时期的景观，正是东庙西学，学舍中央为池塘。

元代对庙学有所改扩。元仁宗皇庆年间，赵凤仪

等增拓外垣五百四十丈，环植松柏万株。延祐年间
（1314～1320年），邓文原将藏书楼改建于讲堂之北，
称尊经阁。元英宗至治年间，钱光弼重修庙学，撤仰
高、采芹二亭，将棂星门改作三门六扉，以壮礼容。
元惠宗至正年间（1341～1368年），徐震等又重修围
墙，高一丈三尺，上覆以陶瓦。其时庙学占地方圆五
百七十丈。

　　明代庙学规制进一步完备。洪武年间，魏观在成
德堂旧址建明伦堂，重建教授厅于明伦堂之西。原棂
星门前为宁氏宅院所阻，无法正面临街，只好折曲而
行，这次修建购地拓展，南移棂星门，直临街衢。又
有张冠重塑圣贤像。明宣宗宣德年间（1426～1435
年），况钟重建大成殿，并建敏贤堂等。明英宗天顺年
间，姚堂在学门内建杏坛，覆以亭；并立状元、解元
二坊。明宪宗成化十年（1474年），邱霁认为庙制卑
小，遂重加改作，将大成殿后移于旧址西北方，建为5
间重檐，其前方重建戟门及棂星门。原学门不直临于
街，需自庙门而入学门，这次修建才拓地，建学门直
临街衢，与其以东之棂星门并立，使入庙、入学者各
行其门。另在学门内泮池以北东隔墙设门，以通大成
殿。经这次营建，"庙左学右，截然以正。"后屡加修
缮，不改此制。弘治十二年（1499年）经徐赟等主持
重修后，围垣加高，道路铺砖，大成殿、尊经阁等巍
然矗立。大成殿扩为7间制应当是始于这次兴作。而
后又陆续建敬一亭、启圣祠、胡公（胡瑗）祠、韦公
（韦应物）祠、白公（白居易）祠、况公（况钟）祠、

徂徕堂，改泮宫坊额为"斯文在兹"，移三元坊于大门北，建"万世师表"、"三吴文献"二坊分列庙学门外，连同原有的范公（范仲淹）祠、至善堂等，羿布罗列，蔚然大观。其亭堂门坊名目繁多为别处孔庙所罕见。

清代屡加修缮，一遵其旧（见图6）。自北宋时建庙，南宋以来历次重修，凡有碑记可考者计南宋4次、元代7次、明代15次、清代迄咸丰年间9次，共35次，平均20年左右修缮一次。由此可见学人珍视庙貌的良苦用心。此700余年间，时有增制，有损必修，修必有记，数量之多亦为别处孔庙少见。咸丰年间毁

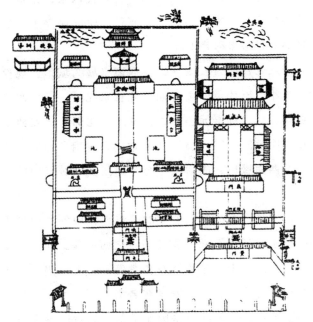

图6 苏州府学庙图

（据民国《吴县志》）

于兵火，大成殿仅存栋梁。同治三年（1864年），由李鸿章、丁日昌先后主持重建，大成殿改为7间重檐庑殿顶，上覆黄瓦，保存至今。今庙内藏有《平江图》、《天文图》、《地理图》、《帝王绍运图》四大宋碑。清代苏州府城有吴县、长洲、元和三县附郭，皆各有县学、分立孔庙，且均具相当的规模。如此一城四学（不包括书院等）四庙，为全国仅见。

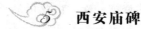 **西安庙碑**

西安孔庙与碑林联系密切。自宋代以来，先是因移碑而建庙，后来又因碑移而庙迁，而以保存历代碑刻精品数量最多称著于世。

唐末韩建改筑长安城，仅取旧皇城为城垣，规模大为缩小。五代及宋金时期于此置京兆府。元代改称安西路，后又称奉元路，另在城外东北部建筑安西王府城。明洪武二年（1369年）改为西安府，而后扩筑东、北两面城垣，成为保存至今的西安旧城以内的规模。

唐末韩建在改筑长安城时，将划在城外的原务本坊内国子监迁移至新城原尚书省之西南隅，即今西安城内社会路一带，并移《石台孝经》于此。当时，唐都虽已东迁洛阳，但长安城在名义上还是西京，故有此举。不过，很可能只是因陋就简，只对旧屋舍作了一些改筑，后又有刘郭移《开成石经》于此。至宋太祖建隆年间（960～963年）重修孔庙（见上述京城孔

132

庙《释奠成礼》一节），很可能并未连同学舍一起修整。

宋仁宗景祐二年（1035年），侍郎范雍奏言：昨知（主管）永兴军，前资寄住官员颇多，子弟辈不务肯构，惟恣轻薄，盖由别无学校励业之所致。到任后奏建府学，兼赐九经书，差官主掌，每日讲授，关中风气稍变。这个时候，长安城为永兴军治所，府学之建当在景祐元年以前，即在今址，很可能只是营筑学舍，未另建孔庙，亦不移碑石。

除《石台孝经》和《开成石经》外，尚有大量的汉唐石碑遗存于长安城内外，因保护不善，多有残损，特别是遭到人为的破坏。宋仁宗时下诏建筑佛寺，姜遵知（主管）永兴军，命人取汉唐碑碣以代砖石。有县尉告之不可，乃罢其官。后佛寺建成，姜遵擢升。另又有以碑石修造石桥者，使有识之士深感痛心。为使现存石碑得以有效保护，经龙图阁学士吕大忠倡议，决定将所有石碑移至府学内，遂在元祐二年（1087年）开始在府学北墙内修造屋舍，元祐五年建成，移碑至此。黎持撰《京兆府新移石经记》言：将地平整夯实，凡石经倒在地下者，全都洗剔尘土，补固残缺，然后分为东、西，次比陈列：唐明皇注《孝经》及建学碑立于中央，颜真卿等人所书及偏旁字源之类则列于院庭左右。双亭中峙，廊庑回环。从而使今所见到的碑林初具规模。与此同时或稍后，孔庙移建于此地碑屋之南，与原建学舍形成西学东庙的格局。元代依旧制重修。

明成化九年（1473年），马文升重修府学，并移附郭长安、咸宁二县学于此,各居西、东。由此形成一庙三学的格局,即孔庙居中,前为坊,坊内依次为棂星门、戟门、大成殿及两庑,殿后为碑室。西为府学,前亦为坊,坊内依次为大门、泮池、仪门、明伦堂、斋舍、尊经阁;府学西为长安县学,孔庙之东为咸宁县学,皆各建明伦堂、斋舍等。嘉靖三十四年(1556年)关中大地震,使府学庙、碑皆损坏。万历十八年(1590年)重修庙、学,周宇撰文记:吾西安居省会,郡一(指西安府)、邑二(指长安、咸宁二县),故学三而庙一。庙当城南门之东,宅巽离中(即位于东南方),郡学掖而右。咸宁邑治在东,故学亦东;长安邑治西,学亦在西。东学之东为启圣公祠。庙之后环列古诸石经、石刻,覆以步栏,陆离盘纡港洞,若洞署,俗谓之碑洞。洞后正南面建亭,奉崇《敬一箴》;而箴之东、西学者各为亭,尊制也。郡学明伦堂后特峙尊经一阁,典籍藏焉。一庙三学,翼比朋翔,乔木联荫,清泮通流,宏规壮观,盖凡为学宫者或鲜其俪(意思是很少有能与此学宫相比者)。因三学共在,故称此庙学前所临街为三学街。

清代对庙学的修整主要集中于碑石、碑屋。其中规模最大的一次是乾隆四十六年(1781年)毕沅所为,他在《关中金石记》中说:前后堂庑,全部新修。又在土中搜得旧刻数十片。取石经及宋、元以前刻石编排甲乙,顺序陈列,围以护栏;明代及近人所刻,则经淘汰保存其佳者,另建3间屋舍置放,设专人掌管锁钥。后在嘉庆十年(1806年)又加修复,立《重修西安碑林记》碑，始称"碑林"。

1936～1937年，在邵力子、梁思成等主持下，又对碑林进行了一次大规模的修整，对旧碑屋全部翻修，并新建一座陈列室（即今碑林6室），取消了原石经陈列室后的"碑洞"。1939年，于右任将其"鸳鸯七志斋"藏石290余方赠藏碑林。后又陆续有传世及新出土的碑石入藏，至今藏石已达2000余方，其中陈列1000余方。自汉迄清，名碑荟萃；篆隶真草，琳琅满目。如汉隶书《仓颉庙碑》、《仙人唐公房碑》、《曹全碑》，南朝智永《真草千字文碑》，唐李阳冰篆书《三坟记碑》、《颜氏家庙碑》，史维则隶书《大智禅师碑》，唐玄宗隶书《石台孝经》，唐楷书欧阳询《皇甫诞碑》、虞世南《孔子庙堂碑》，褚遂良《同州圣教序碑》，欧阳通《道因法师碑》，颜真卿《多宝塔碑》，《颜勤礼碑》，柳公权《玄秘塔碑》，唐草书张旭《断千字文》，怀素《千字文》、《圣母帖》，僧怀仁集王羲之字《大唐三藏圣教序碑》，僧大雅集王羲之字《兴福寺碑》，以汉文和古叙利亚文合璧刻写的《大秦景教流行中国碑》，宋翻刻秦《峄山刻石》、宋徽宗《大观圣作之碑》，元赵孟頫《游天冠山诗碑》等，皆久负盛名。此外，还有大量的画像石、墓志、塔铭、经幢、造像碑等入藏陈列，堪称是一座丰富多彩的石刻博物馆。

6 南京夫子庙

明清时期，南京文化教育兴盛，府学、县学孔庙建制宏伟。民国以来，在夫子庙周围陆续造酒肆茶社、戏院书场等，成为民众聚集娱乐之所，远近驰名。

夫子庙位于今南京城中华门内秦淮河北岸贡院街。这里原来是宋代建康府学，始建于宋仁宗景祐元年（1034 年）。同时兴建孔庙，称文宣王庙。从《景定建康志》所附《府学之图》中可以看到当时建有大成殿、明德堂、议道堂、御书阁等。其中明德堂为主教者治事之所，旧有文天祥楷书堂额。明代以后各地庙学多称明伦堂，为表示对文天祥的敬重，此堂额一直相沿不改。清穆宗同治年间（1862～1874 年）重修后，曾国藩改为篆书题额，仍为"明德堂"。元代以此为集庆路学，遗有元文宗至顺二年（1331 年）封至圣夫人碑及封四氏碑。

明初建都南京，先以此为国子学，于明德堂前建"天下第一"坊。后在鸡笼山下另建国子监，改此为应天府学，并省附郭上元、江宁两县学入之，改"天下第一"坊为"东南第一学"坊。后在明宣宗宣德年间（1426～1435 年）重建大成殿；宪宗成化年间（1465～1487 年）建棂星门，以秦淮河为泮池；孝宗弘治年间于秦淮河北岸筑石堤以障水；万历年间在秦淮河南岸建照壁，浚月牙池，又在北岸棂星门前建"天下文枢"坊，青质金字，光芒四射；周栏涂红，旁树显绿，色彩鲜明，倍添静美。沿河东有聚星亭，作六角形；西有思乐亭，作方形。这一系列沿秦淮河两岸所布置的景点各有特色，雅而不俗，与夫子庙所显现出的庄严肃穆的氛围亦颇协调一致，可谓独具匠心。

而大成殿北则无多创制，依旧为明德堂、遵经阁等。明世宗嘉靖年间（1522～1566年），遵诏撤殿内孔子等塑像，改易木主，将塑像埋于尊经阁后卫山。后又在山上建敬一亭，在山前建启圣祠；又建青云楼，以远眺四方。

清代改称江宁府，移府学于原国子监址，而以此为上元、江宁两县县学。孔庙居中，上元县学居东，江宁县学居西，各辟东、西持敬门以入大成殿。上元县学原为江宁府学所在，学舍大门外建有"泮宫"坊，坊之东为明清时期南京籍状元、榜眼、探花题名，西为会元、解元题名；坊前临街，街之南为大成泉及泮池，街之东建"德配天地"坊，街之西建"道贯古今"坊。清高宗乾隆年间（1736～1795年），在"德配天地"坊之南建奎星阁，3层6面，蓝琉璃顶，作蛋圆形，下临秦淮河，风波荡漾，朝晖夕照，阁顶常发异彩。江宁县学原为射圃，除学舍外，还建有名宦、乡贤、土神三祠。文宗咸丰年间（1851～1861年），庙学毁于兵火。穆宗同治八年（1869年）重建，即成为今所见的夫子庙。民国年间，以大成殿为市立图书馆，以明德堂为夫子庙小学校舍；将庙前空地辟为广场，遂使庙之左右游技麇集、百戏杂陈，店肆楼阁鳞次栉比，成为一处市集中心。近些年来，又恢复夫子庙原貌，重加修整，以再现秦淮旧观。

清代江宁府学相沿于明南京国子监旧址，改国子监坊为江宁府学坊，庙、学规制一仍其旧，曾多次重修。仁宗嘉庆年间遭受火灾，文宗咸丰年间又遇兵乱，彻底毁坏，无法恢复，遂移于朝天宫址重建。

朝天宫址位于南京城水西门内莫愁路冶城山南。东晋时建有冶城寺，南朝刘宋时建聪明观，后一直相沿为道观。北宋初年一度于此立文宣王庙，后又恢复为道观，明初重修，改称朝天宫，殿宇雄壮，为全城之冠，后毁于战乱。清同治五年（1866年）卜择此地重建府学，至同治十年告竣。依山而建，西庙东学。孔庙前为照壁，题为"万仞宫墙"。北为泮池，呈半月形，东为"德参天地"坊，西为"道冠古今"坊。泮池北为棂星门，东、西各为持敬门。棂星门北为大成门，左为金声门，右为玉振门。大成殿建于山坡上，重檐7间，上覆以黄琉璃瓦，为景德镇瓷窑所烧制。殿前为露台，绕以石栏，台下砌为石阶。殿两侧廊庑环列。大成殿后建崇圣殿，亦为7间规制。其后山顶建敬一亭。另有飞霞阁及飞云阁，为旧朝天宫遗存。东为学舍，建有明伦堂、尊经阁、名宦乡贤及先贤总祠等。建成后，曾绘制《江宁府儒学图》，题记言："计用白金十二万两。规模宏敞，甲于东南。"此庙学建筑至今大部分犹存。进入庙门，仰望山间殿庑，再拾级而上，自可领略出与平地庙堂不同的风情。

 7 台湾孔庙

台湾孔庙首建于今台南市。郑成功父子收复台湾后，以此为首府，称承天府。清康熙四年（1665年），参军陈永华向郑经建议建圣庙，立学校，得以采纳。遂择地"鬼仔埔"（即前柱仔街，今南门路庙址）兴建孔庙。次年庙成，又在庙侧建明伦堂，后即在此祭孔讲学。

康熙二十三年（1683 年），郑氏归顺，清政府在这里置台湾府治。改原庙、学为台湾府学，康熙二十四年由知府蒋毓英改建。康熙五十九年重修，规模有所增大。乾隆十六年（1751 年）再加以扩建，夫子庙焕然改观，大成殿及两庑规模倍于前（见图 7）。棂星门前增建石坊，称大成坊。由大成坊以内尽易石铺。可能就在这次重修后，孔庙大门楣上出现"全台首学"匾额。后又多次重修。道光十六年（1836 年）重修后，刘鸿翱撰《台湾府学重修夫子庙并祭器乐器记》赞言："仰殿宇之巍峨，观梁栋之壮丽，泮池宏以深，

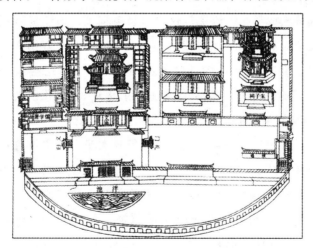

图 7　台湾府学庙图

（据乾隆《续修台湾府志》）

坊桥坚以固。春秋上丁两祀，肃清雍穆，歌者堂上，舞者堂下，无言奏假，彬彬乎，变海隅为邹鲁阙里之风矣。"其一再增修，由小而大，由质而文，意在合于大陆成制，以求尊孔重儒之效。至光绪十五年（1889年），改为台南府学。

光绪七年（1881年），在台北府城兴建以后，建孔庙于城内文武街（今台北市中区文武里）。当年建成大成殿、仪门及崇圣祠，遂于秋祭之日举行释奠礼。后又由民间士绅捐资，修造大门、泮池、万仞宫墙及学舍等。光绪二十一年（1895年），日军侵占台北，庙、学遭到破坏。1917年，台北瀛社诗人与大正协会会员提议恢复举行祭孔活动，成立崇圣会。1925年，决定由民间筹集资金重建孔庙，诗人陈培根将大龙峒地捐出为庙址（即今址）。1927年开工兴建，1929年建成大成殿、东西庑、仪门、崇圣祠等，即恢复祭礼祀典。后又陆续兴建棂星门、大门、泮池及万仞宫墙等，至1939年方告一段落。1946年，重新组建崇圣会，主持有关祭孔活动。1949年9月28日孔子诞辰2500周年，扩大举行释奠典礼，以示纪念。1951年，崇圣会撤销，改建台北孔子庙管理委员会，主持管理及祭祀活动。1972年，将此孔庙捐献，改由台北市当局接管，主持祭祀活动。此孔庙的建筑风格同大陆南方的孔庙相类，大成殿5间重檐，庑顶黄瓦。庙内110根石柱皆取自泉州白石（花岗石），木架则取自福州杉木，均价值连城。大成殿内供奉孔子、四配、十二哲神位，两庑供奉先贤先儒154人神位，崇圣祠供奉孔子五世祖先及诸配享、从祀者神位，均为木主。孔庙正门隔以万仞宫墙，入庙需自侧门而至大成门，据说是表示当地未出过状元。旧俗当地有状元及第者始得在孔庙正门前造状元门，并开正门迎接状元入庙祭孔。

此外，兴建较早的尚有彰化县学孔庙，始建于雍正年间。原只建有大成殿等。乾隆二十五年（1760年）增修，在泮池边开有涌泉，题石曰"芹泉"，取《诗经·鲁颂》泮水采芹之义。凤山县学始立于康熙二十三年（1684年），位于旧城北门外莲池畔，前有龟山，后左方有半屏山，故庙内有楹联言：

> 莲潭水明，直同泗水。
> 半屏山秀，俨如尼山。

对仗工整，寓意深刻。今仅存大成殿及残碑10余块。后在这里改设高雄市。1976年，在旧庙附近重建孔庙。其大成殿仿故宫太和殿规制，崇基重檐，黄瓦覆顶，墨础（黑色柱础）立地，朱柱门窗，白石栏杆，寓意包括夏商周三代色尚与文化。庙门前临莲池潭，水清鱼游，悠然自得。傍岸照壁，有孔子七十七世孙孔德成手书"万仞宫墙"，墙阴为孔子行教图浮雕。新兴城市台中原无孔庙，由民间倡议赞助，亦于1976年建成孔庙。此庙位于台中市双十路与力行路交界处，采用宋代宫殿式建筑，以取其浑厚、雍穆、朴实而壮观。平面布局系参照曲阜孔庙，而将规模缩小。其庙貌之巍峨，牌坊之雄伟，宫墙之崇高，明堂之深奥，均为全台之冠，大有后来居上之势。

哈尔滨文庙

清末，北方松花江畔有哈尔滨兴起，因俄国获得在中国东北修筑和经营中东铁路的特权，遂选择此地作为交通枢纽进行营建。20世纪初，俄国移民大量涌入，城市建设发展迅速，兴建了许多教堂和具有西方风格的楼房。与此同时，定居在这里的中国人也日益增多。至20年代末，城市人口已达30余万，其中中国居民占25万人左右。正是在这一背景下有哈尔滨文庙的创建。

1926年，由原"东省特别行政长官"张焕相倡导，工商界及中外人士募捐和政府集资，在文庙街今址开工兴建，1928年建成，所用资金为73万元（哈大洋）。整个文庙建筑群占地90余亩，约6万平方米，建筑面积为3750平方米。

其庙制力求合于大祀礼仪。大成殿居中南向，坐落在高约2米的花岗岩砌筑的台基之上，建筑面积约586平方米，高约17.95米。面阔为堂9间，夹室2间，合11间；进深3间。上为重檐庑殿顶，覆以黄琉璃瓦，整个大殿施以和玺彩绘。凡此种种，皆属古时礼制的最高等级。如此规制，为全国孔庙所仅见。殿堂正中立有雕龙贴金神龛，原置孔子木主于神龛前。1989年9月28日孔子诞辰2540周年之际，新塑的孔子像落成，置于龛内。孔子像为一布衣形象，意在还孔子的本来面貌。神龛上面悬挂"道洽大同"金字横匾，字由清末最后一名状元（甲辰恩科）刘春霖于孔庙建成时题写，古朴凝重。在孔子神龛两侧供奉有四配、十二哲木主。据有关资料记载，当年殿内楹柱上有两幅楹联。其一为：

德贯百王，
功垂万世。

其二为：

定六艺于杏坛，绍虞夏商周之统；
藏诸经于鲁壁，开关闽濂洛之传。

意在褒扬孔子及其后道统传人继往开来之功。其中关指张载（关中人），闽指朱熹（福建人），濂指周敦颐（曾居庐山濂溪），洛指邵雍、程颢、程颐（居洛阳），均为宋时著名理学家。殿堂前为露台，四周护以汉白玉雕花栏板。露台前有三出石阶，正中"丹陛"为巨型五龙戏珠雕石。露台东、西各有一出石阶，合为五出陛。大成殿前东、西庑各 9 间，单檐歇山顶，覆以绿色琉璃瓦，内供奉诸先贤先儒木主。大成殿后崇圣祠为单檐 7 间歇山顶，上覆以黄色琉璃瓦。殿内原供奉孔子五世祖神位，后改为书厅。前后庭院广植青松，四季苍翠，风吹松响，静安肃穆。

其大成门为 5 间单檐庑殿顶，覆以黄色琉璃瓦。前后三出陛。门内左、右各立一通高近 6 米的大石碑。东侧石碑刻有张学良于 1929 年（时为东三省保安总司令）撰写的《哈尔滨文庙碑记》，其言："今欧美诸邦类皆厌兵戎而趋文化，其究哲学者且旁授中国经籍，以尼山之学为能止至善，而共深其企向。盖世界大同之机兆，而孔子教之昌矣。……《记》有之曰：祭者教之本。此文庙之建所以不可缓也。"表达了欲使儒学昌盛的愿望及以祭孔而求教化的主张。西侧石碑刻有当时社会各界人士捐资名单。此外，在大成门南东侧又立有一通无字碑，原出于何意已不可考，引人竞相猜测，众说纷纭，莫衷一是。

迄今为止，哈尔滨文庙在中国大陆是最晚兴建的一座孔庙。但其规制完备，气势恢宏，大成殿面阔 11 间，屋顶为重檐庑殿式，覆以黄瓦，施以和玺彩绘，均属古时礼制的最高等级；唯台基不为三阶（北京皇城内太庙为三阶），略有欠缺。尽管如此，它仍然是历代各地所建孔庙中最接近于"大祀礼仪"的一座，堪称诸庙之冠。它博采众长，不宗于一，如正殿形制多模拟于北京孔庙；而大成门前建泮池、牌坊等，则与各府州学庙相类。说哈尔滨文庙是集古今各地孔庙之大成似并不为过。整个孔庙布局突出主要门殿，少有附属建筑；且单独立庙，不附建学舍，亦显示了时代特点和北方风格。

五　国外孔庙

　　在古代，孔子不仅为中国人所崇拜奉祀，而且在与中国相邻的朝鲜、日本、琉球、越南等国亦极受人们敬重，普遍设立孔庙祭祀。

 朝鲜孔庙

　　古代朝鲜人仰慕中华礼乐文明，很早就接受了儒家思想，素以"小中华"、"海东中华"自许，是中国以外孔庙创立最早且数量最多的国家。

　　一般认为，至迟在公元前1世纪即在西汉中期，儒家思想已传入朝鲜。而后，朝鲜半岛高句丽、百济、新罗三国鼎立。高句丽在小兽林王二年（372年）仿照中国建立太学，教授《春秋》、《礼记》、《周易》、《尚书》、《诗经》等儒家经典，后百济、新罗亦相继设立太学。为加深理解儒家经典，唐贞观十四年（640年），三国各派子弟来中国，请求入国子学，学成后回国传授。儒家思想日益深入人心。新罗花郎徒为世俗五戒：事君以忠、事亲以孝、交友以信、临战无退、杀生有择，完全是儒家道德观念的体现。新罗真德王二年（648 年），金春秋（后为太宗武烈王）至唐，请求到国子学观看孔庙释奠礼。

675 年，新罗统一朝鲜半岛。而后 8 年即神文王二年（682 年）仿唐朝制度在国都庆州设立国学。圣德王十六年（717 年），入唐三年的王子守忠回国，进献孔子、十哲、七十二弟子像，即置于太学，为朝鲜国学奉祀孔子之始。新罗国王经常亲临国学听讲儒家经书，后又设置各业博士、实行科举制度等，更促进了儒家思想的传播。

高丽王朝建立以后，大力提倡儒学，特别推崇孔子，尊其为"百王之师"。成宗二年（983 年），博士任成老自宋朝归国，献上宋京都的文宣王庙图。十一年，成宗命在国都开城设立国子监，于其内建文宣王庙。国子监原在南会宾门内，前有大门，题额"国子监"。中建宣圣殿。两庑为学生斋舍。规制简陋。后移往礼贤坊，因学徒增多，扩大其制。为表彰本民族儒学家，显宗十一年（1020 年）命以新罗学者崔致远入庙从祀，封文昌侯；十三年又以薛聪从祀，封弘儒侯。宣宗六年（1091 年），于国子监壁上绘 72 贤像。肃宗六年（1101 年），又在文宣王殿左右廊绘群弟子及诸先儒像。后将殿内孔子画像改为塑像。睿宗七年（1112 年），睿宗曾亲临国学释奠孔子。元宗九年（1268 年），又将颜子、曾子、子思、孟子画像改为塑像。忠烈王十二年（1286 年），世子入国学讲习六经。忠烈王十五年，学者安珦随国王至元大都（今中国北京），回国时携带朱熹的临摹画像及《四书集注》、《朱子全书》等，将朱子学引入朝鲜。忠烈王三十三年，重修国学，新建大成殿，并派金文鼎到中国临摹孔子及群弟子画像，购置祭器、乐器等。忠宣王时依《周礼·春官》所载："掌成均之法，以治建国之学政。"将国学改称成均馆，取"成人才之未就，均风俗之不齐"之意。忠定王三年（1351年），恭愍王自中国回国即位，孔子五十四世孙孔昭随下嫁高丽国王的鲁国公主携家东渡。孔昭本是元朝翰林学士，在高丽朝官至门下侍郎同平章事，封桧原君，定居水源，建阙里庙奉祀孔子。此外，自仁宗五年（1127年）诏示各州立学，地方也陆续建立孔庙。

1392年，李氏朝鲜建立。开国伊始，太祖李成桂即以儒学立国，命以学校兴废作为考课地方官吏治绩的标准，府、牧、郡、县无不设立乡校，教授《四书》等儒家经典，孔庙一时遍布全国。太祖六年（1397年），迁都汉城。次年，即在都城崇孝坊建立成均馆，设文庙奉祀孔子。其形制仿于中国，建有大成殿、东西庑、祭器库、神门、东三门、享官厅、书吏厅、正录厅、典祀厅、乐生厅、守仆厅、遮帐库等，大成殿北为明伦堂，形成前庙后学布局。定宗二年（1400年），庙遭火灾。太宗七年（1407年），依原制重修。后又增建尊经阁。太宗九年，命成均馆典簿许稠考定释奠仪注，统一全国祭孔礼仪。李朝国王时时亲行释奠。世祖十一年（1466），册立王子晬为世子时，命世子戴儒冠入成均馆孔庙行谒圣礼。以后凡册立世子先行释奠孔子，成为定制。成宗二十三年（1492年）八月，成宗来到成均馆，亲祭孔子。接着大宴百官，儒生皆插赐花，互歌新乐章。他对儒生说：今日之事，并非单为宴乐，主要是想表示崇儒重道之意。与宴儒生达3000余人，观听之人填溢桥门，为一时之盛。宣宗二十五年（1592年），日本军队攻占汉城，成均馆孔庙被焚。日军退后，国王回到汉城，即命礼曹判书（相当于中国的礼部尚书）李增率领儒生到孔庙废墟哭祭。宣宗三十四年（1601年），重建孔庙。后又陆续增建丕阐堂、启圣祠、六一阁等。

成均馆大成殿主祀孔子，以四配、十哲、宋六贤配享，两庑以孔门弟子69人、中国汉朝至元代的先儒25人以及东国18贤从祀。其孔子神位用木主。成宗十一年（1480年），曾以非塑像不够尊严为由，主张恢复塑像。但大多数朝臣认为土木塑像与佛寺供像无异，自祖宗朝已用木主，不宜更改，故而仍维持成制。明嘉靖皇帝改定孔庙祀典，撤除塑像，改孔子封号为"至圣先师"，在朝鲜又引起一场争论。朝臣李滉等主张不改孔子封号，仍称"大成至圣文宣王"；而赵宪等则主张遵行明朝制度。到宣祖七年（1574年），终于遵行明制，改书"至圣先师孔子神位"；并下令将开城、平壤二府孔庙内原有的先圣十哲塑像撤除，改易木主。其宋六贤是指宋代理学家周敦颐、程颢、程颐、邵雍、张载、朱熹，于肃宗四十年（1714年）从儒臣宋时烈之请而由两庑升入大成殿。这是不同于中国孔庙的，表明了朝鲜尤重理学的特点。东国18贤是指朝鲜本土的 18 位儒学家，即新罗朝的崔致远、薛聪，高丽朝的安珦、郑梦周，李朝的金宏弼、郑汝昌、赵光祖、李彦迪、李滉、金麟厚、李珥、成浑、金长生、赵宪、金集、宋时烈、宋浚吉、朴世采等，都是从高丽朝显宗十一年（1020 年）至李朝高宗二十年（1883 年）陆续命祀的。以朝鲜儒学家从祀孔庙，又表明朝鲜统治者在推崇儒学的同时也致力于儒学的本土化。

朝鲜的孔庙祭祀活动基本上与中国相同，每月朔日、望日行焚香礼，每年春秋二仲月上丁日行释奠礼。释奠礼仪也略同于中国国子监孔庙，唯杂用各朝代，如祭祀乐曲以"安"命名，与宋代相近；文武舞并用，唱笏、奠币、初献用文舞，亚献、终献用武舞，与唐代相近（迎神用武舞，送神用文舞，明清时均只用文舞）。祭祀乐器有编钟、镈钟、编磬、琴、瑟、笛、箫、笙、鼓、埙、柷、敔等。祭器有十笾、十豆、二簠、二簋，盛以各种食物；另有三太羹、三和羹，不同于中国的一太羹、二和羹。祭祀时牲用太牢，牛一、羊一、猪四；舞用六佾。祭祀仪注为唱笏（包括迎神）、行奠币礼、行初献礼、行亚献礼、行终献礼、行分献礼、分饮福礼（包括撤馔、送神）、行望燎礼。

这一时期乡校即府、牧、郡、县学均设孔庙，或前庙后学，或左庙右学、或右庙左学、或后庙前学。后庙前学是朝鲜乡校的典型形式。有的明伦堂前有门；有的无门，将明伦堂建为两层，在下层中间辟门。有的斋舍建于明伦堂前，有的斋舍建于明伦堂后。建于堂后者，堂与大成殿相对，中间以内三门相隔，两侧分列两庑、两斋。有的堂前建楼，楼下层辟门为校门或通道。形式比较灵活。其奉祀者亦不完全同于汉城成均馆孔庙，除孔子、四配（朝鲜人称为五圣）外，一般省去十哲，或奉祀宋二贤（程颢、朱熹），或奉祀宋三贤（程颢、程颐、朱熹），或奉祀宋四贤（周敦颐、程颢、程颐、朱熹），或奉祀宋六贤（加邵雍、张载），另加朝鲜18贤（亦有只供奉新罗2贤、或新罗高丽4贤、或李朝14贤者）。比较特殊的是江陵乡校和全州乡校。江陵乡校奉祀人物最多，有孔子、四配、宋6贤、中国97位先贤先儒和东国18贤；全州乡校无97位先贤先儒，却单独奉祀有若、宓不齐、伏胜、董仲舒、韩愈、司马光、李侗7位先贤先儒。

李朝是朝鲜儒学的全盛时期，曾出现一批大儒，如李退溪、李珥（栗谷）等。他们布道讲学，影响深远，时至今日，仍受到韩国朝野重视。李退溪号称"海东朱子"，被尊为韩国圣人，称其思想体系为退溪学。退溪学的研究机构即有2个研究院（汉城退溪学研究院、退溪学釜山研究院）、3个研究所（分别设在汉城的檀国大学、大邱的庆北大学、安东的安东大学）；并建立国际退溪学会，每两年举行一次国际会议，就退溪学的各种问题展开讨论。李退溪故里安东市的市旗即定为其所倡行的"三纲五伦"，旗图上有横三线、竖五线相交叉，以横三代表三纲、竖五代表五伦。此外，韩国纸币采用儒学人物头像为图案，其中千元纸币为李退溪头像、五千元纸币为李珥头像等。

近代以来，由于西方文明的冲击和日本人的入侵，使朝鲜儒学的发展一度受到制约和影响。然而，儒家的伦理观念在民众中已是根深蒂固，成为传统精神的中枢，对孔子的祭祀始终未曾间断。第二次世界大战结束后，韩国刚刚获得独立，便于 1945 年 10 月在汉城举行儒道会成立大会，来自全国的 2500 余名儒林代表在确立儒道会以儒道精神为理念，以阐明道义、扶持伦理、弘扬"修齐治平"之道，醇化社会秩序为宗旨等方面达成共识，拥戴金昌淑为第一任委员长，于汉城成均馆内设儒道会总本部，在道和市郡以乡校为中心组成地方支部。在 1970 年全国儒林代表大会上，又重建包括中央总本部和 263 个地方支部的儒道会，并制定了儒道会章程，拟订了组织细则和工作计划。现加入儒道会的儒林人士已达 1000 万人，占韩国总人口的 25%。

儒道会为创办成均馆大学倾注全力。经金昌淑等人努力，将原财团法人明伦炼成所和学邻舍财团合并，组成财团法人成均馆大学，于 1946 年 9 月获得承认，正式开学。学校设哲政科、经史科和专科部。1947 年，文学部和政经学部的学科增加到 8 个；并设置东洋哲学科，作为儒学研究的核心。1963 年起，根据《私立学校法》，将财团法人成均馆和学校法人成均馆大学分开，但成均馆大学以儒学精神为教学重点的宗旨并无改变。1967 年，东洋哲学科升格为儒学大学，成为当今世界上唯一的一所专门培养儒学研究人才的高等学府，在各国儒学学术研究中居于权威地位，有许多国内著名学者及相当数量的外国人在此从事儒学研究。

成均馆属下的地方组织以市、道为单位设立乡校财团，管理乡校，在校内设明伦学院。现有乡校231个，任教者达1万余人，在学者达5万人。此外，还有一些民间人士热衷此道。韩国大田市郊有一个汉学村，共有居民50余人，分属8个家庭。在长者权正诛的带领下，一律穿着传统儒服，严格遵行古礼，力求实践孔子理想中的"礼仪之邦"。他们生活简朴而有规律。早上4时起床，6时开始诵读古文，下午练习书法。白天有的村民离村到附近的工厂、公司上班，没有工作的就仍留在村里聚集讨论研读心得。汉学村的孩子们从5岁开始读四书五经，每天必须接受长达15小时以上的儒学教育。

　　成均馆和乡校的职责之一是主持孔庙祭祀活动。1949年6月，由全国儒林大会作出决定，仅在成均馆孔庙内保留奉祀孔子、颜子、曾子、子思、孟子和宋朝二贤程颢、朱熹等7位，将其余130位中国先贤先儒的牌位予以安葬；而将朝鲜的18位儒贤升奉从享。原来春秋各一次的释奠祭也改于孔子诞辰日（阴历八月二十七日）每年举行一次。由文化情报部长官代表大总统作首献官。后在1952年又将孔门十哲和宋朝另外四贤复位，释奠祭也恢复为春秋各一次。至今相沿不变。

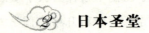

日本圣堂

　　和朝鲜一样，日本也很早就祭祀孔子，相沿至今。日本所立孔庙多称圣堂，亦称圣庙、文庙、大成殿、孔子堂等。

一般认为，日本人接受孔子思想是由朝鲜传入的。公元3世纪，在日本本州岛的中部有大和国兴起。相传应神天皇十五年（284年），朝鲜半岛上的百济国王派遣阿直歧贡良马到日本。阿直歧能讲儒家经典，引起了天皇的注意，便问阿直岐有没有胜过他的博士，阿直岐推荐了王仁。第2年，王仁来到日本，献上《论语》和《千文字》等，被命为皇子菟道稚郎子之师。皇子稚郎子与兄皇子大鹪鹩命之间相互推让皇位，与《论语·泰伯》篇所记泰伯事迹很相似，在日本传为美谈。大鹪鹩命即位后称仁德天皇，笃行仁政，为百姓称颂。到公元5世纪后，陆续有百济、高丽五经博士及中国学者赴日讲经，儒学渐至普及。圣德太子好汉土之风，于推古天皇十二年（604年）改定朝礼，制《宪法十七条》，其中条文多用五经文句改作。大化元年（645年），孝德天皇即位，实行革新，迁都难波（今大阪）。大宝元年（701年），文武天皇颁行《大宝律令》，其中明确规定在首都设大学，各国设国学，教授《周易》、《尚书》、《周礼》、《仪礼》、《礼记》、《春秋左传》、《孝经》、《论语》等儒家经典。又规定大学和国学每年春秋两次向孔子行释奠礼，称孔子为先圣孔宣父，后又改称文宣王。而后定都平城京（奈良）、迁都平安（京都），皆遵行此制。天平宝字元年（757年），孝谦天皇下诏：古时治民安国，必以孝道。百行之本，莫先于此。宣令天下，家藏《孝经》一本，精勤诵习。在平安朝，模仿唐国子监，设大学寮，置文章博士、明经博士、明法博士、算博士，各设道院，总称四道之儒。在大学之内，中央为庙堂；北设都堂院，又名北堂；南设明经道院，又名南堂。庙堂中安放孔子及十哲像，春秋两次行释奠礼。在《扶桑集》中可看到有关行释奠的诗。如菅三品《仲秋释奠，听讲古文〈孝经〉》：

> 一千八百有余文，名是《孝经》忠不分。
>
> 听尽为臣为子道，秋风吹拂意中云。

菅原道真《仲秋释奠，听讲〈孝经〉，同赋资父事君》：

> 怀忠偏得意，至孝自感人。
>
> 换白何轻死，含丹在显亲。
>
> 王生犹有母，曾子岂非臣。
>
> 若向公庭论，应知两取身。

据史书记载，这一时期的执政者藤原基经还曾在释奠祭日，亲率公卿至庙堂祭祀孔子，听明经博士宣讲《周易》。至平安朝末期，儒学势衰。《本朝文粹》载文记述，保延元年（1135 年），大学寮学舍颓弊，鞠（阻塞）为茂草。行释奠礼之制犹存，然已是流于形式了。

此后，在镰仓、室町时代，皇权衰落，国家政权集中于幕府。有朱子学传入，日渐兴盛，尊孔之风再起。其时寺院佛僧多兼通宋学，形成禅儒合一之势。如名僧一山一宁于正和二年（1313 年）主南禅寺，其所著《语录》中有《孔子颂》：

> 学为万世所师，道由一贯而传。
> 也知三千子弟，尚泥六籍陈言。

他讲孔子思想以心性之学为要旨，故有此言。这一时期有足利学校兴建，在今枥木县足利市昌平町。昌平一名取自孔子诞生地昌平乡。据《分类年代》记：足利义兼尝创学校于足利，收藏有自中国所带来的先圣十哲画像、祭器、经籍等。历百余年而遇灾。源尊氏出奔西海与菊池战于多多良滨，时默祷孔庙，遂得胜利，于是再造圣庙以宗奉之。以先祖之所创，世世不绝祭祀。其再造者为尊氏次子足利基氏。基氏在贞和年间（1345～1349 年）为镰仓管领。其原为足利氏一家之学，至永享十一年（1439 年），由上杉宪实倡导，开始广招四方学者。至天文年间，学生多达 3000 人，盛极一时。天文三年（1543 年）重修孔庙，制作孔子木像供奉于庙堂正中，流传至今。现存孔庙是在宽文年间（宽文元年为 1661 年）再兴后重修的，为 5 间重檐，覆盖筒瓦，样式一依朱熹弟子杨复所著《寝庙辨名图》。其所供奉的孔子木像是今日本诸孔庙中最古者。

足利学校复兴之时，在肥后限府又有菊池重朝创建庙学。其父菊池为邦崇尚儒学，曾先后两次派人去中国，携带孔子及十哲画像而归。文明九年（1477年），菊池重朝修造圣堂，供奉孔子及十哲像于其中。告竣之后，行释奠礼，桂庵有《观礼诗》言：

太平奇策至诚中，春奠笾篚陪泮宫。
泗水吹添菊潭碧，寒云染出杏坛红。
一家有政九州化，万古斯文四海同。
弦诵未终花欲暮，香烟扑袂画帘风。

可见其庙学有殿堂、泮水、杏坛等，与中国明代孔庙之制大致相同。

继之而起的江户时代（1603～1867年），德川幕府极力倡导尊孔崇儒，朱子学派大儒藤原惺窝及其后学聚徒讲经，广为布道，使儒学臻于极盛。在各地陆续兴办学校，有官立（幕府所办）、藩立（诸侯所办）、乡立（民间所办）3种，多建有孔庙。德川幕府所在的江户（今东京）之地于宽永年间兴立孔庙。藤原惺窝弟子林罗山为德川三代家光侍读。宽永七年（1630年），德川家光将城北上野忍冈的一块地赐予林罗山，叫他建造别墅；另外给金200两，叫他建造塾舍书库。林氏藏书达万余卷。宽永九年，别墅建成，并在院内修建了孔庙，称大成殿，供奉孔子、颜子、孟子画像。次年春祭，德川家光亲临行释奠礼。林罗山曾作《大成殿前樱花》一诗：

草木欣荣绕圣宫，白樱独秀一春中。

中华礼乐花开遍，元气吹嘘日本樱。

表达了他希望中国儒学在日本兴旺发达的心境。后四代家纲又为其重建铜瓦书库，并赐官库重复本图书。五代纲吉尤为好学，亲自讲解经书，命群臣都来听讲。他每月讲《周易》6次，费时3年，共讲240次方全部讲完。他重择汤岛今址扩建孔庙及学舍。为表示对孔子敬重之意，将汤岛比作孔子故里，称昌平坂；孔子庙称昌平坂圣堂，后多称汤岛圣堂；学校叫昌平坂学问所。元禄四年（1691年），孔庙落成。德川纲吉命各地诸侯献纳祭器等，如馔具笾、篚、筵、豆、俎、尊、罍、爵，皆仿于中国，各盛以生果、鸟肉、青菜、黄年糕、白年糕、新米、鲷鱼、野鸭、清酒等；饰具香烛、帐帘旗幡等；陈具琴、筮器、天球、墨帖、砚、歃器、磬等；乐器羯鼓、大鼓、钲鼓等，多达400余件，大多数保存至今。元禄四年春祭，即在新落成的大成殿举行。德川纲吉斋戒三日，亲临行释奠礼，并自讲经书，诸侯臣民参祭围观，盛况空前。而后，孔庙释奠祭由林家私事变成幕府公事，林罗山之孙林凤冈被任命为大学头，成为圣堂的祭主，子孙相承。后圣堂遭灾，又于宽政十一年（1799年）依明人朱舜水所监制的模型重建，成为全日本最大的孔庙。明治四十年（1907年）四月二十八日，在汤岛圣堂举行全国孔子祭典，而后即以此为国家祭祀孔子场所，于每年4月的第4个星期日致祭。大正七年（1913年），斯文会成立，设祭典部，主持其事。大正十二年（1923

年）关东大地震，圣堂被毁，仅存入德门。斯文会在旧址营造临时圣堂，未曾耽误祭典。大正十五年，经朝野各方努力，成立圣堂复兴期成会，募捐 50 多万元，于昭和七年（1932 年）在原址依旧制重建。昭和十年落成。建有仰高门、杏坛门、东西庑、大成殿及斯文会、讲堂、书库等。其大成殿为 5 间单檐歇山顶，殿顶正吻垂兽作虎形，颇为别致。殿内供奉青铜制孔子像及四配像，东西庑有群弟子木主。昭和十年四月二十八日始，接连几天举行新圣堂第一次孔子祭典，同时开儒道大会。而后规定每月第一个星期日开圣龛，准平常人礼拜；每年 4 月举行国家祭典。致祭时恭读祝文：

> 维某年某月某日，某等谨告至圣先师孔夫子之灵，伏惟夫子道配天地，德并日月，风教遍被东邦，化泽永垂后昆。某等景仰不能揩，薄奠藻苹，以致虔诚。配以颜子、曾子、子思、孟子。尚飨。

汤岛圣堂至今保存完好（见图 8）。

地方藩学兴立孔庙以名古屋为最早。其藩主德川义直好学崇儒，在宽永九年，与江户同时创建先圣殿于名古屋城内。后衰毁。圣延享五年（1748 年），第八代藩主宗胜再兴学问所，在城西建讲堂。接着第 9 代藩主宗睦又重建学堂，称明伦堂；同时建造圣堂，供奉青铜制孔子像。在天保年间（天保元年为公元

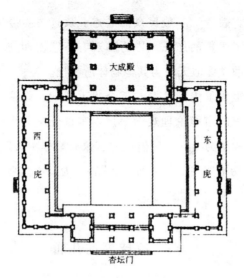

大成殿

西庑

东庑

杏坛门

图8 日本汤岛圣堂殿庭平面图

（转自《曲阜孔庙建筑》）

1830年），有藩主德川齐昭在水户建弘道馆，亦设孔庙。另有冈山藩主池田光政所立闲谷黉，内有圣堂、闲谷神社、讲堂、小斋、习艺斋、文库等，保存至今。此外，在九州佐贺县多久村，于宝永五年（1690年），由邑主多久茂文创立文庙，为3间重檐，铜板铺盖，内供奉孔子及四配青铜塑像。多久茂文撰《文庙记》言："维时元禄十有四年季秋朔初七辛卯日，前于京师奉模之尊像，远途幸无他障滞，速降临鄙邑，千喜万祥，不堪欢欣之至。堂宇经营，土木未落成，构假室于塾侧，暂奉安尊体。……先儒发明之曰敬，一心之主宰，万物之根本，而为万世圣学之基本也。此敬也，视庙社则发，不视则不发。由是观之，先设圣庙，而使人知所敬。"其由切身所感而谈庙坛一类建筑物的社

159

会功用，表达了一般民众的心态。从远古至今，人世间营造了无数的庙坛，皆为临观有所感发而建。庙坛所特有的功能似无法为其他物体所替代。

经世代承传，日本人至今犹重儒学，而特别注重发挥儒家的道德伦理观念。日本东京外国语大学教授中岛雄领认为，儒学所倡导的"家族集体主义"，使日本"成功地实现了经济的发展"，成为日本企业运营管理的"三神器"之一。

 琉球等地孔庙

孔子创立儒学，后世崇奉儒学之地皆立孔庙。明清时期，琉球曾为中国属国，长期受儒学浸濡。明洪武年间，琉球国派王室官员子弟等到南京国子监受学，学成而归。万历年间，琉球紫金大夫蔡坚与乡里士大夫共祀孔子及四配像。清康熙十年（1671年），得琉球国主尚贞王许可，在那霸兴建孔庙（见图9）。康熙五十七年（1718年）又在庙侧建明伦堂。其形制略如中国庙学，沿中轴线布置大门、二门、大成殿，院内设"惜字炉"，明伦堂内设启圣祠。大门为3间3门，歇山顶，盖以筒瓦，门上悬"至圣庙"匾。大成殿面阔5间，单檐歇山顶，殿前有宽大的露台；殿内供奉孔子及四配神主，有朱漆绘金龙柱2根，悬"万世师表"匾。庙门前有康熙五十五年所立中山孔子庙碑。庙东明伦堂设门屋1间，悬山顶，有"儒学"匾。明伦堂面阔9间，进深6间，歇山顶。堂前门西有康熙

五十八年所立琉球建儒学碑，门东有乾隆二十一年
（1756 年）所立大清琉球国夫子庙碑。嘉庆六年
（1801 年），琉球国主尚温王在首府首里创立孔庙，后
又在庙东设国学。

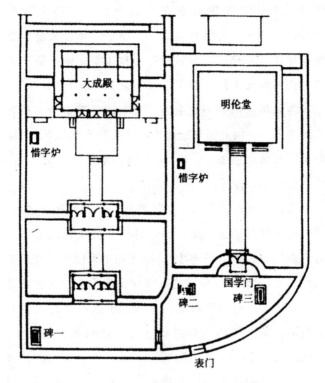

图 9　琉球那霸孔庙平面图

（转自《曲阜孔庙建筑》）

　　在东南亚地区，越南最先接受儒学思想。在公元 1
世纪前后，已有儒家思想传入，后逐渐为民众所普遍
接受。公元 13 世纪，陈朝陈太宗开始在国都升龙（今
河内）设国学，奖励儒学，与佛、道并重。公元 15 世

纪，黎朝建立。开国之君黎太祖独尊儒学，于顺天元年（1428年）采纳儒臣阮荐的建议，在京城设国子监，置祭酒、直讲学士、教授等，选官员子弟及民间俊秀入学；设孔庙，"祠孔子以大牢"。于诸路县并立学校。其后继者黎太宗亦重道尊儒，于绍平元年（1434年）下诏实行科举取士。绍平二年，又命官释奠先师孔子于孔庙。而后每年春秋丁祭，皆有祭孔大典。孔庙内孔子像改服王者衮冕之服。黎仁宗、黎圣宗等为弘扬儒术更不遗余力，或亲诣经筵讲学，或置五经博士等。由此而使越南之域"彬彬有华风"，名儒辈出。其著名者如阮荐、阮秉谦、潘孚先、吴士连、申仁忠、黎贵惇等。

在新加坡和马来西亚，随着移居华人的逐渐增多，便由民间发起创建孔庙。1881年，一些文化民族主义者在新加坡成立"乐善社"，决定在华人社会中推广儒家伦理观。至1899年，这些文化民族主义者又在吉隆坡举行集会，通过了尊孔的决议，由此而兴起孔教复兴运动。其主要内容包括纪念孔子诞辰和采用孔历。农历八月二十七日孔子诞辰这一天被视为华人的公众假日，所有的华人商店都停业，人们在家举行各种纪念活动，或到同善医院去向挂在那里的孔圣像鞠躬行礼。同时，各方言集团派出代表，前往参加祭礼仪式。随后，这场运动迅速扩展到新加坡和马六甲。1902年，新加坡取代吉隆坡成为孔教复兴运动的中心，成立了一个由195人组成的委员会，倡议修建孔庙和开办现代华文学校，并为此筹集资金。以后，运动中心又从新加坡移至槟榔屿，1904 年在槟榔屿首先创办了中华学堂（后称孔圣庙中华学堂）。1906 年，在吉隆坡创办了尊孔学堂。至 1908 年，孔教复兴运动再次掀起高潮。这一年孔子诞辰日，在槟榔屿的华人全部停止工作或停课，在家中的孔圣像前摆上祭品虔诚拜祭。至 1911 年年底，这个地区的第一个孔庙终于建成。今在新加坡育华公园中立有巨大的孔子铜像。

此外，在其他国家和地区，移居的华人也都长期保持炎黄文化传统，不忘记纪念孔子。人们以各种方式来表达对这位圣哲的由衷的敬意，如在德国科隆建有纪念孔子的庙宇；在美国有美国孔子基金会和美国孔子书院；在美国纽约华人街区中心莫特街辟有孔子广场，树立孔子全身塑像等。当年，孔子曾大加感叹："道不行，乘桴浮于海。"（《论语·公冶长》）似可理解成在忧伤中充满了自信，即其所创立的思想体系，不仅可以行于中国，而且可以通行于整个人类世界，故而想到要为布道而漂洋过海。而今，其道已行遍天下，其作为布道者的形象也已被信道者随足迹所至传遍五洲四海。这是不是在实现他生前的夙愿呢？

六　学人之祖

　　《尚书·舜典》载："正月上日，受终于文祖。"孔传解释说："上日，朔日也。终谓尧终帝位之事。文祖者，尧文德之祖庙。"讲的是古时尧让帝位于舜，正月初一日，在祖庙中举行尧退位、舜即位的礼仪。祖庙，多解释为黄帝之庙，自黄帝至尧、舜，一脉相系。古时"祖"字，既可以指祖先，也可以指祖庙。中国古时极重立庙，而各有所尊。其中学人之祖，即为孔庙。实际上是无人不学的，所以孔庙又为人所共祖。孔庙是历史上相沿最久，分布最为广泛的庙宇。与其他各类寺庙不同，进入孔庙，永远会使人感受到传统的情趣和高雅的文化氛围。从一定意义上讲，孔庙是中华文明特别是儒学文化的象征。

　　孔庙建筑直接体现了儒家思想。无论是曲阜本庙、衢州家庙，还是京城和府州县及书院学庙，都特别注重和谐有序。儒家思想的核心是"仁"，即承认人类社会有尊卑、上下、贵贱之分，但每个人都应该努力发掘自己心灵深处向善的一面，要更多地考虑到他人以至人类社会及自然界整体，提倡"爱人"、"泛爱众"、

"忠恕"、"和为贵"、"温良恭俭让"，以求达到和睦相处。体现在孔庙建筑方面，即是首先着眼于总体布局，其次才考虑各单体建筑的处理。单座的门、楼、殿、庑，只有在群体之中才能充分显示出它的作用。各部分之间的形象、比例、尺度、质感、细部、装饰等都力求能相互协调、相互衬托，渐变多于突变，联系多于对立。例如曲阜孔庙的整座建筑群融合在郁郁葱葱的树丛中，人工与天然浑然一体，室内与室外相互渗透，各座单体建筑之间、细部与整体之间，既有变化又互相协调，从而显示出一种和谐、敦厚、温良的格调，内蕴丰富、藏而不露、含蓄耐看、余音绕梁、发人遐想，堪称人世间"和谐美"的杰作。金元之际，由于掺入北方少数民族的审美意识，开始使用黄瓦、青绿彩画、红墙、白石台基等对比强烈的色调，但也力求恰到好处，尽量避免大起大落、激荡突变。

儒家崇尚"中庸"之道，认为凡所作为皆需适中适度，方正不邪，过犹不及。这种观念主要体现在孔庙总体布局形制方面刻意追求方正、规则、对称、直线，而摒弃偏斜不正、弯曲不直的图像和方位，从而形成一种极为庄严肃穆的庙宇氛围。这一特点在北方孔庙中表现得尤为突出；南方孔庙多注重雕饰，广建亭坊一类附属建筑，然一般都能注意保持均齐方正的布局。

儒家特别强调用"礼"来规范人们的行为，以保证整个人类社会的和谐有序，体现在孔庙建筑方面，就是要求给人们一种稳定的秩序感。而这种秩序感的产生，有赖于在空间环境的布置、体量的组合、装饰的处理、比例和尺度的分寸等方面恰当地运用对比、衬托手法，使整个建筑群由序幕经高潮到结束，形成一个主次分明、秩序井然的整体。这在曲阜孔庙中表现得最为明显。从空间环境的布局方面来说，运用了沿轴线平面延伸的层层院落组成的序列向主体建筑——大成殿引导展开，空间由窄而宽，建筑由少而多、由低而高，由郁郁葱葱的丛翠环抱中逐渐转入殿阁巍峨、金碧辉煌的殿庭中，将进谒者的情绪从肃穆飘忽的遐想之中引入到庄严崇敬的气氛里来。为了突出大成殿的崇高地位，在前面安排了多层庭院作为前导，左右和后部还有若干组较小的庭院作为衬托。在体量和体形上、尺度上、色彩和装饰上，大成殿和周围的门、庑、殿、阁又依次区分出不同的高低、大小、繁简、多少、华朴、明暗，用以表现主次和秩序。建筑在其他各地的孔庙虽然不如曲阜孔庙那样占地广阔，可以在空间上充分展开，但也都辟有宽大的庭院，分出不同的层次，力求和谐有序。

世上因曾经出现过孔子而有孔庙的兴建，而孔庙又正是体现了孔子所创立的儒家思想，人为地创造出一种独特的意境。在长期的发展过程中，孔庙从形制到布局都不可避免地有所变化，然而又始终保持着一种学人之祖的本色。孔庙在某一单体建筑物上可能会与一些其他宫殿有相同或相近之处，但在整体组合上则永远是独具特色，因为它要体现儒家精神。只有在这样的氛围中才能使后世的学人与先世的宗师——伟大的孔子联系在一起。

结束语

今天，人们置身于孔庙，心头涌起的自然是对孔子的崇仰之情；同时，进一步阅看庙中存立的古碑，也不免会被那些虔诚的孔子崇拜者为守护孔庙而尽心尽力的精神所感动。

孔庙能承传至今，在很大程度上有赖于历代学人的努力。如果说，当年孔子弟子以孔子"居堂"为庙和在孔子墓前守庐是为了表达对老师的感激和怀念，那么，后世学人来孔庙拜谒、为守护和修缮孔庙而奔走效力，则完全是出于对孔子由衷的敬意，即如太史公司马迁所言，是"心向往之"（《史记·孔子世家》）。从锺离意出私钱修复庙藏乘车，亲自擦拭桌几、铺席、佩剑、鞋履等遗物；到乙瑛上书奏请设置守庙官吏，韩敕重造礼器、新作"朝车"、修整庙宇等，都生动地表明了这一点。史晨远望孔庙门阙即肃然凭轼跪立、屏息入堂、虔敬参拜，自己出钱购置酒食祭品祭祀孔子，以及会同诸官吏、师生和孔氏族人等900余人来庙中致祭、相乐终日的场景，更体现了一种倾心投入的情感。这种对孔子发自内心的尊崇，正是孔

167

庙得以长存于世的社会基础；而他们精心守护、虔诚致祭，实际上对孔庙的前后承传起到了保证作用。

各地孔庙中有许多碑文是出自名家手笔。如唐代大文学家韩愈撰写的《处州孔子庙碑》碑文中说：自皇帝至地方官吏共同奉祀、庙坛遍布全国各地者，唯有社、稷与孔子。而社坛奉祭土神、稷坛奉祭谷神，句龙（共工之子，能平治九州之土，配祭土神）与弃（周人始祖，亦称后稷，善于播种百谷，配祭谷神）只是配祭，并非祭坛之主。其受祭场所不修殿屋、只设土坛，也不能与孔子相比。孔子享受王者一级礼遇，其神像巍然端坐于庙堂当中，以孔门弟子配祭，自皇帝至官民均在北面跪拜祭祀，如同亲传弟子那样尊敬孔子。句龙与弃受祭是由于功大，孔子受祭是因为德高，当然各自等级有所不同。自古多有因立功德而获得官位者，但死后不能长久受到奉祀。句龙、弃与孔子生前皆不得官位，但死后却能得以长久受到奉祀；而句龙与弃所享受的礼遇则不如孔子隆重。所谓自人类出现以来从未有过像孔子这样伟大的圣哲，孔子的贤德远远超过了唐尧、虞舜，可由此而看到效应。其意在说明，尊祭孔子是人们的心愿。又如宋代大史学家司马光曾撰写《闻喜县重修至圣文宣王庙记》说：古时先民吃鸟兽之肉、草树果实，以鸟兽与草树之皮制衣。鸟兽、草树日渐稀少。人类越来越多，物品越来越少，眼看此处物品已不够用，而别处则可能还有剩余，能固守此处等死而不去别处争夺吗？争夺不止，互相伤害、直至消灭。如此下去，人类整个群体很可能不用很长时间就要全部灭绝。圣人为此而忧伤、怜惜，于是就想尽各种办法进行治理，使得人类可以相安无事，维持正常生活，繁衍后代，延续种群。至春秋时期，周王室衰微，先王之道（指圣人的治理法则和正确认识）被彻底破坏。如果不是孔子起来为恢复先王之道而奔走尽力，使之得以弘扬光大、承传至今，则众多生灵很可能就会沦落为禽兽了。如今国家之所以非常重视奉祀孔子，在国都、州城、县城设立孔庙，每年按时致祭，即如贵为天子也要面对孔子神像跪拜，这实际上并不仅仅是对孔子个人表示尊重，更重要的是以此来承传先王之道。其意在揭示，立庙以存道同时也是社会的需求。

孔庙是属于历史的，也可以面向现实。无论社会怎样发展，人类都要保持其固有的本性，其基本需求古今并无根本的差别，那些从远古时期即已获知的真理永远也不会过时。越是古老，越是永恒。孔庙既然能够传到今天，也必然还会再传下去。使人感到遗憾的是，自民国以来，有许多孔庙已改作他用。现在看来，似有恢复其本来面目之必要，以求在闹市中保存一方净土，使那些有志于学者来此临观而感，得以激励。这对于鼓励尊师重教、弘扬传统文化、引导游子寻根、实现祖国统一和维系海内外炎黄子孙的大团结必将起到促进作用。

1996 年 9 月 28 日于北京静安里

《中国史话》总目录

系列名	序号	书 名	作 者
物化历史系列（28种）	30	石器史话	李宗山
	31	石刻史话	赵 超
	32	古玉史话	卢兆荫
	33	青铜器史话	曹淑芹　殷玮璋
	34	简牍史话	王子今　赵宠亮
	35	陶瓷史话	谢端琚　马文宽
	36	玻璃器史话	安家瑶
	37	家具史话	李宗山
	38	文房四宝史话	李雪梅　安久亮
制度、名物与史事沿革系列（20种）	39	中国早期国家史话	王 和
	40	中华民族史话	陈琳国　陈 群
	41	官制史话	谢保成
	42	宰相史话	刘晖春
	43	监察史话	王 正
	44	科举史话	李尚英
	45	状元史话	宋元强
	46	学校史话	樊克政
	47	书院史话	樊克政
	48	赋役制度史话	徐东升
	49	军制史话	刘昭祥　王晓卫
	50	兵器史话	杨 毅　杨 泓
	51	名战史话	黄朴民
	52	屯田史话	张印栋
	53	商业史话	吴 慧
	54	货币史话	刘精诚　李祖德
	55	宫廷政治史话	任士英
	56	变法史话	王子今
	57	和亲史话	宋 超
	58	海疆开发史话	安 京

系列名	序号	书名	作者
交通与交流系列（13种）	59	丝绸之路史话	孟凡人
	60	海上丝路史话	杜瑜
	61	漕运史话	江太新　苏金玉
	62	驿道史话	王子今
	63	旅行史话	黄石林
	64	航海史话	王杰　李宝民　王莉
	65	交通工具史话	郑若葵
	66	中西交流史话	张国刚
	67	满汉文化交流史话	定宜庄
	68	汉藏文化交流史话	刘忠
	69	蒙藏文化交流史话	丁守璞　杨恩洪
	70	中日文化交流史话	冯佐哲
	71	中国阿拉伯文化交流史话	宋岘
思想学术系列（21种）	72	文明起源史话	杜金鹏　焦天龙
	73	汉字史话	郭小武
	74	天文学史话	冯时
	75	地理学史话	杜瑜
	76	儒家史话	孙开泰
	77	法家史话	孙开泰
	78	兵家史话	王晓卫
	79	玄学史话	张齐明
	80	道教史话	王卡
	81	佛教史话	魏道儒
	82	中国基督教史话	王美秀
	83	民间信仰史话	侯杰
	84	训诂学史话	周信炎
	85	帛书史话	陈松长
	86	四书五经史话	黄鸿春

系列名	序 号	书 名	作 者
思想学术系列（21种）	87	史学史话	谢保成
	88	哲学史话	谷 方
	89	方志史话	卫家雄
	90	考古学史话	朱乃诚
	91	物理学史话	王 冰
	92	地图史话	朱玲玲
文学艺术系列（8种）	93	书法史话	朱守道
	94	绘画史话	李福顺
	95	诗歌史话	陶文鹏
	96	散文史话	郑永晓
	97	音韵史话	张惠英
	98	戏曲史话	王卫民
	99	小说史话	周中明　吴家荣
	100	杂技史话	崔乐泉
社会风俗系列（13种）	101	宗族史话	冯尔康　阎爱民
	102	家庭史话	张国刚
	103	婚姻史话	张 涛　项永琴
	104	礼俗史话	王贵民
	105	节俗史话	韩养民　郭兴文
	106	饮食史话	王仁湘
	107	饮茶史话	王仁湘　杨焕新
	108	饮酒史话	袁立泽
	109	服饰史话	赵连赏
	110	体育史话	崔乐泉
	111	养生史话	罗时铭
	112	收藏史话	李雪梅
	113	丧葬史话	张捷夫

系列名	序号	书名	作者	
近代政治史系列（28种）	114	鸦片战争史话	朱谐汉	
	115	太平天国史话	张远鹏	
	116	洋务运动史话	丁贤俊	
	117	甲午战争史话	寇伟	
	118	戊戌维新运动史话	刘悦斌	
	119	义和团史话	卞修跃	
	120	辛亥革命史话	张海鹏	邓红洲
	121	五四运动史话	常丕军	
	122	北洋政府史话	潘荣	魏又行
	123	国民政府史话	郑则民	
	124	十年内战史话	贾维	
	125	中华苏维埃史话	温锐	刘强
	126	西安事变史话	李义彬	
	127	抗日战争史话	荣维木	
	128	陕甘宁边区政府史话	刘东社	刘全娥
	129	解放战争史话	朱宗震	汪朝光
	130	革命根据地史话	马洪武	王明生
	131	中国人民解放军史话	荣维木	
	132	宪政史话	徐辉琪	付建成
	133	工人运动史话	唐玉良	高爱娣
	134	农民运动史话	方之光	龚云
	135	青年运动史话	郭贵儒	
	136	妇女运动史话	刘红	刘光永
	137	土地改革史话	董志凯	陈廷煊
	138	买办史话	潘君祥	顾柏荣
	139	四大家族史话	江绍贞	
	140	汪伪政权史话	闻少华	
	141	伪满洲国史话	齐福霖	

系列名	序号	书　名	作　者
近代经济生活系列（17种）	142	人口史话	姜　涛
	143	禁烟史话	王宏斌
	144	海关史话	陈霞飞　蔡渭洲
	145	铁路史话	龚　云
	146	矿业史话	纪　辛
	147	航运史话	张后铨
	148	邮政史话	修晓波
	149	金融史话	陈争平
	150	通货膨胀史话	郑起东
	151	外债史话	陈争平
	152	商会史话	虞和平
	153	农业改进史话	章　楷
	154	民族工业发展史话	徐建生
	155	灾荒史话	刘仰东　夏明方
	156	流民史话	池子华
	157	秘密社会史话	刘才赋
	158	旗人史话	刘小萌
近代中外关系系列（13种）	159	西洋器物传入中国史话	隋元芬
	160	中外不平等条约史话	李育民
	161	开埠史话	杜　语
	162	教案史话	夏春涛
	163	中英关系史话	孙　庆
	164	中法关系史话	葛夫平
	165	中德关系史话	杜继东
	166	中日关系史话	王建朗
	167	中美关系史话	陶文钊
	168	中俄关系史话	薛衔天
	169	中苏关系史话	黄纪莲
	170	华侨史话	陈　民　任贵祥
	171	华工史话	董丛林

系列名	序号	书名	作者
近代精神文化系列（18种）	172	政治思想史话	朱志敏
	173	伦理道德史话	马勇
	174	启蒙思潮史话	彭平一
	175	三民主义史话	贺渊
	176	社会主义思潮史话	张武 张艳国 喻承久
	177	无政府主义思潮史话	汤庭芬
	178	教育史话	朱从兵
	179	大学史话	金以林
	180	留学史话	刘志强 张学继
	181	法制史话	李力
	182	报刊史话	李仲明
	183	出版史话	刘俐娜
	184	科学技术史话	姜超
	185	翻译史话	王晓丹
	186	美术史话	龚产兴
	187	音乐史话	梁茂春
	188	电影史话	孙立峰
	189	话剧史话	梁淑安
近代区域文化系列（二种）	190	北京史话	果鸿孝
	191	上海史话	马学强 宋钻友
	192	天津史话	罗澍伟
	193	广州史话	张磊 张苹
	194	武汉史话	皮明庥 郑自来
	195	重庆史话	隗瀛涛 沈松平
	196	新疆史话	王建民
	197	西藏史话	徐志民
	198	香港史话	刘蜀永
	199	澳门史话	邓开颂 陆晓敏 杨仁飞
	200	台湾史话	程朝云

《中国史话》主要编辑
出版发行人

总 策 划　谢寿光　王　正

执行策划　杨　群　徐思彦　宋月华

　　　　　梁艳玲　刘晖春　张国春

统　　筹　黄　丹　宋淑洁

设计总监　孙元明

市场推广　蔡继辉　刘德顺　李丽丽

责任印制　岳　阳